語り口調

上司・所属長・経営に携わるの皆様へ

135の判例に学ぶ
パワーハラスメントの真実

〈パワハラ裁判 135 事例に見るパワハラの全貌〉
　○ パワハラ 13 類型 135 事例を 1 行タイトルに編集しました
　○ パワハラ 13 類型を類型区分表に図表化しました
　○ パワハラ 135 事例を 1 事例 0.5 ページに編集しました
　　〈～パワハラ裁判 135 事例 要点要旨集～〉

〈上司・所属長・管理監督者の皆さん、どなたも知っていますか〉
　○ パワハラの具体的な言動や姿形を知っていますか（態様）
　○ パワハラが何故起きたのか知っていますか（誘因）
　○ パワハラでどうなるか知っていますか（疾病と責任）
　○ パワハラ自殺のきっかけを知っていますか（自殺の機序）
　○ パワハラ自殺は身近に起きているのです（27 事例の分析）
　○ 自殺の直前はどんな様子か？　予知できるか知っていますか
　　　〈～関係者の約 80％に予知の可能性があったのです～〉
　　　　〈～遺書は訴えます　心の叫び～〉
　○ パワハラ裁判の判決要旨：サンプル

　　〈～パワハラ性格傾向の自己診断でパワハラと決別しよう～〉

中村　孝雄　著

労働新聞社

〈パワーハラスメントの根絶のために〉

この書籍をご購入の皆様へ

　パワーハラスメントの根絶を期するために、皆様限定で「パワーハラスメントの真実」を収録した<u>DVD</u>を<u>廉価ワンコイン 500 円</u>（税込み・送料・払込通知料金込み）で提供します〈164 ページを御覧ください〉。

〈ＤＶＤの収録内容〉

第一編　パワーハラスメントの分析：234 ページ（増補版）

　　　　　〈全編著者によるナレーション解説付〉

第二編　パワーハラスメント判決要点・要旨集：1126 ページ

　　　　　〈全編著者によるナレーション解説付〉

目　　次

※　本書は、パワハラに係る判決文に準拠しています。パワハラ判決文やその解説などには機微に属する感情なども登場します。その場合、常用漢字表から外れた表外漢字や表外音訓を使用しています。

序章 「裁判例に見るパワーハラスメントの真実」編集の目的など

　現在、パワーハラスメントは、産業界のみならず、公務、教育、スポーツなど、社会のあらゆる場において問題を提起しています。

　最近報道されているパワハラ事件では、それぞれの関係者がそれをパワハラであると判定しています。では、パワハラの判断は何に基づいて、どのように判断しているのでしょうか。パワーハラスメントの定義について見てみましょう。

　今から8年前の平成24年1月30日、厚生労働省は、「職場のいじめ・嫌がらせ問題に関する円卓会議ワーキンググループ報告」の中に示されている「パワーハラスメントの概念」を公表しました。

　それ以後、企業は、その概念に沿ったパワーハラスメント防止規定を就業規則に取り入れ始め、パワーハラスメントに関する損害賠償請求訴訟でも、裁判所は、その概念に沿って不法行為を認定しようとする事例が現れ始めました。

　そのような中、パワーハラスメントに関する法制化の必要性が高まり、旧雇用対策法が衣替えした略称「労働施策総合推進法」の改正によって、同法第30条の2が新設され、パワーハラスメントに対する事業主等の義務規定が制定されるに至りました。

　そして、同法の規定に基づく略称「パワーハラスメントに係る事業主の雇用管理指針（令和2年1月15日厚生労働省告示第5号）」（以下「パワハラ指針」ということがあります。）が制定され、令和2年6月1日に施行されることとなりました。

　そのパワハラの定義を見てみましょう。

> 〈職場のパワーハラスメントとは〉
> 　職場におけるパワーハラスメントは、職場において行われる
> ① 優越的な関係を背景とした言動であって、
> ② 業務上必要かつ相当な範囲を超えたものにより、
> ③ 労働者の就業環境が害されるものであって、
> ①から③の要素を全て満たすものをいう。
> 　なお、客観的にみて、業務上必要かつ相当な範囲で行われる適正な業務指示や指導については、職場におけるパワーハラスメントには該当しない。

　パワハラ指針によって、職場のパワーハラスメント（以下単に「パワハラ」という。）の定義ないし概念が上記のように示されると同時に、パワハラの類型とパワハラに「該当すると考えられる例」、「該当しないと考えられる例」などが示されました。

　これにより、職場において優越的な地位にある上司や所属長、管理監督者にとって、部下を注意・指導し、あるいは止むなく叱責しようとする場面において、パワハラ言動を抑止するための鍵、すなわち、どのような形、どのような態様の言動がパワハラ

に該当するのか、という判断するための鍵が与えられました。

　このパワハラ指針が示しているパワハラの類型は、次のとおりです。
　　①　身体的な攻撃（暴行・傷害）
　　②　精神的な攻撃（脅迫・名誉毀損・侮辱・ひどい暴言）
　　③　人間関係からの切り離し（隔離・仲間外し・無視）
　　④　過大な要求（業務上明らかに不要なことや遂行不可能なことの強制・仕事の妨害）
　　⑤　過小な要求（業務上の合理性がなく、能力や経験とかけ離れた程度の低い仕事を命じることや仕事を与えないこと）
　　⑥　個の侵害（私的なことに過度に立ち入ること）

　しかし、パワハラとされる言動の態様を抽象的に理解するだけでは、
　　①　何故どうして、パワハラが起きてしまうのか（パワハラの背景・誘因）、
　　②　パワハラを行った社員と受けた社員との職務上の関係や人間関係（「職場における優越的な関係」）、
　　③　パワハラが起きる具体的なきっかけ（パワハラの機序）、
　　④　パワハラの結果生じる精神的・身体的な疾患（うつ病その他の精神疾患など）、
　　⑤　生じた結果の法的責任は誰が負うべきか、その責任の内容（不法行為責任）、
　　⑥　どのような経緯で自殺を選んでしまったのか（自殺の誘因・機序）、
　　⑦　パワハラによる自殺は、遠い世界のものなのか（身近に起きています）、
　　⑧　パワハラ自殺を予知予見ができる機会はなかったのか（予知できます）、
　　⑨　自殺した人達の心の叫びはどのようなものなのか（悲痛な叫びです）。
　このようなパワハラの発現から結果に至るまでのパワハラの全体像（「パワハラの全貌」）を知って、我が身を振り返り、内省することによって、自らのパワハラ性格傾向を認識し、そのパワハラ性向の出現を封じ込めることができるのです。

〈故知に学ぶ〉

「彼を知り、己を知れば百戦殆からず」

　「彼を知らずして、己を知れば、一たび勝ちて、一たび負く。彼を知らず、己を知らざれば戦うごとに必ず敗る」（孫子　謀略編）
　この冒頭の句にパワハラ防止を譬えてみます。

「パワハラの全貌を知り、自らを内省すれば、自ずとパワハラを犯さず」

　すなわち、
　○　「彼を知り」とは、「真実であるパワハラの全貌を知る」ことをいいます。
　※　パワハラ相談事例などでは、多くはパワハラを受けた側の一方的な訴えであって、相手方の弁明や主張を対応させていませんから、事実に関しては真実

性の担保がありません。訴訟においてのみ、真実である事実に迫れるのです。

※　パワハラ裁判は、原告側がパワハラの具体的な事実を主張し、被告側＝パワ
ハラ行為者＝の反論や弁明（「反対尋問」）を経ることによって、真実である事
実が得られるのです。

すなわち、当事者が主張する事実が、相手方の反論や弁明（反対尋問）を経
ていない場合には、証拠資料としては原則的に排除されるのです。

そして、反対尋問を経て、パワハラは、真実であると認定された事実によっ
て判断され、その判断が国家の権力作用によって、被害者に生じた損害につい
て、加害者等の賠償責任を履行させるのです。

※　そのようなことから、著者は、パワハラに関する裁判例を集積し、これを分
析し、前記①～⑨について検証しようと考えました。

そして、令和元年のパワーハラスメントの法制化、令和2年6月1日のパワー
ハラスメントに関する法制や、パワハラに関する指針の施行を機会に、パワハ
ラ判例135事例の分析をパワハラ総論とし、分析の基礎となった135の裁判
例の要点要旨集を各論として編集しました。

○　「己を知れば」とは、「過去の事蹟から自らの行動の跡や、心の在り方などを深
く見詰めて、自分がどのような行動し、どのような感情に支配されていたか、こ
れを知ることにより」という意味です。

すなわち、「己を知ること」、これを「内省」と言います。

○　「百戦殆からず」とは、どのような部下に対しても、どのような事態に対しても、
理性を失わず、感情に走らず、上司として、業務上必要かつ相当な範囲において
業務命令を発し、適正に注意指導や必要な叱責を行うことができるのです。

そのようなことから、パワハラの全貌を知るためにパワハラ裁判135事例を
精選し、分析し、編集をしました。

編集の目的は、上記のように、総論については、パワハラの真実を分析し、各論
については、語り口調により、平明・簡潔に、物語のように読めるように工夫しな
がらも、判決としての品格を失わないように編集し、これを、自らを内省するきっ
かけとしていただきたいと考え、上司・所属長・管理監督者に方々に提供しようと
するものです。

「内省」とは、国語辞典に拠れば、「自分の行動の跡や精神のあり方などを深く見
詰めること」、「自分自身の考え方や振る舞いなどを深く考えてみること」とされて
います。

次に、裁判例について、民事法の視点からパワハラを見てみましょう。収録した
裁判例は、いずれも民事法令によって裁かれた事案です。

民法第709条

　　故意又は過失によって他人の権利又は法律上保護される利益を侵害した者
は、これによって生じた損害を賠償する責任を負う。

民法第710条

　　他人の身体、自由若しくは名誉を侵害した場合又は他人の財産権を侵害した
場合のいずれであるかを問わず、前条の規定により損害賠償責任を負う者は、
財産以外の損害に対しても、その賠償をしなければならない。

※　法律学小辞典（有斐閣）によれば、

　　「身体、自由若しくは名誉」を「人格権」といい、これを定めた第710条の
前段は、人格権を規定した例示であって、これらの外に氏名・貞操・信用など
の人格的な利益は財産的な利益とともに、他人の侵害から保護されるべきで
あって、これらを違法に侵害することは不法行為となり、このような保護の対
象となる人格的利益を総称して人格権と呼ぶ、と解説しています。

〈私見〉

身体人格権

　　身体の完全性、すなわち、身体に対する攻撃を受けない権利であり、身体に対
する暴力や拘束、その他音響、水などを用いる外形力の行使、寒冷・暑熱などの
物理的な刺激を拒否し、身体の安全性や自由を保持する権利です。

自由人格権

　　精神的な自由、判断や意思決定の自由、拒否・拒絶する自由、法令で禁止され
ない限り、自由に考え、自由に行動する（出来る）ことを内容とする精神的な自
由が保障される権利です。

　　精神的な安定状態、平穏な精神状態を害する言動は、精神的な自由人格権の侵
害に該当します。

名誉人格権としての名誉

　　基本的な概念としては、刑法の名誉毀損罪を念頭に考えますが、民法第709
条の不法行為の構成要件は、「故意又は過失によって他人の権利又は法律上保護
される利益を侵害する」ということから、パワハラを検証する上での概念として
は、名誉毀損罪を核としながらも、パワハラの概念としての名誉毀損を考えます。

　　刑法第230条第1項は、「公然と事実を摘示し、人の名誉を毀損した者は、
・・・」と規定しています。

　　「公然」とは、「不特定又は多数人に知らせるような状態」をいい、「名誉」とは、「人
の社会的な評価」をいい、いわゆる人の真価を指すものでなく、また、抽象的な
事柄ではなく、「具体的な事実としての事柄」であって、「毀損」とは、「その人
が受けている社会的な評価を害する（低下させる）言動」をいいます。

　　「名誉」とは、人の品行、健康、知能、能力、技量、美醜、身分、家柄、その
他人の社会的評価を指します。

上記の事実性のある事柄とは、ある人の社会的評価に係る事実に関する事柄であって、既に公然と知られている事柄であっても、これを摘示することは、改めて、社会的評価を低下させる行為であって名誉毀損における名誉に該当します。

　また、事実性のある事柄であれば、事実の真偽は関係なく、虚偽の事実に関する事柄でも、公然性があれば、公知（知られている）、非公知（知られていない）にかかわらず該当します。

　摘示の方法は、口頭、文書、図画、漫画、漫文などでもよく、抽象的でなく、具体的であることが必要です。また、大方の人が推測し得る暗示も該当します。

　「毀損」とは、人が受けている社会的評価としての名誉を害することであり、評価を低下させることをいいます。そして、評価が現実に毀損（低下）されることは要件ではありませんが、全く毀損されるおそれのない事実は対象とならず、少なくとも、名誉を害されるおそれがある状態が必要です。

　パワハラを考える場合、それが、被害者の意識としては、「そんなことを言われたら、恥ずかしくて世間に顔を見せられない」というような、羞恥感、困惑感、苦痛感、迷惑感、さらには、怒り、憤怒などの感情を覚えるかどうかという、主観的な尺度ですが、法的な意味合いとして捉える場合には、これらの意識感情を客観的（多くの人が感じるであろうという意味合いにおいて）な被害者の意識感情として捉えるべきでしょう。

　パワハラを法律上で定義づけた労働施策総合推進法第30条の2では、パワハラにより「当該労働者の就業環境が害されることのないよう」と規定していることから、名誉毀損罪の厳格な構成要件に準拠するのではなく、パワハラ防止の対象である概念として捉える必要があると考えます。

名誉人格権としての侮辱

　人の名誉に関わる事実について、これを摘示しなくても、公然と（不特定又は多数人に知らせるような状態、知り得るような状態において）人を侮辱した場合は、刑法の侮辱罪に該当します。次に、例を引きます。ある組織についてです。

　「他の地区の青年団からバカにされるのは、会長が木偶の棒だからだ、こんなバカな会長には、一日も早く辞めてもらいたい」と役員会の席上で発言すると、青年団の会長を侮辱したことになります。

　「人をバカだ」とか、「木偶の棒だ」ということは、人格を誹謗する言辞であり、「人の主観的な名誉感情を害する」ものですから、侮辱言動に該当します。

　侮辱罪も名誉毀損罪と同様に、公然性を犯罪としての構成要件としていますが、パワハラとして捉える場合、前記した、「当該労働者の就業環境が害されることのないよう」というパワハラの視点を取り入れ、公然性を必ずしも要件とせず、他人などの第三者に対する言動だけでなく、相手と対面し、あるいは対話している場合をも包含すべきだと考えられます。

　パワハラの防止論としては、「人格を無視し、否定する行為」や、「人の主観的な名誉感情を害する」言動は、広くパワハラに該当させて考えるべきです。

　「侮辱」とは、名誉毀損と異なり、事実の摘示を要件とせず、被害者の名誉感情を害する行為を言いますが、事実を摘示した場合は当然に侮辱に該当します。

　　例えば、「罵倒したり」、「嘲弄したり」などにより、「人の社会的地位を低下さ
せる」ことであって、言葉、挙動動作、表情など、多様な態様によって侮辱する
言動が含まれます。
　　侮辱されたことによって、現実に被害を受けたかどうかは関係がありません。

※　大部分の会社では、仮に我が社でパワハラ起きたとしても、訴訟に発展したり、
　うつ病を発症させたり、うつ病に罹患させて自殺にまで追い込むようなひどいパワ
　ハラは起きない、起きる筈がないと考えているものと思います。
　　しかし、収集した事例を見れば、訴訟の提起、うつ病の発症、自殺などの最終的
　な結末に至る前に、多くのパワハラ行為が先行して起きており、これが継続し、累
　積して、遂に、訴訟提起やうつ病などの発症に至らせることが読み取れるのです。
　　ですから、パワハラが芽を吹き、成長し、そして、結末を迎える過程について、
　これを実際の事例に学び、パワハラの背景となる要因、発生の誘因機序を知ること
　により、パワハラに走ろうとする感情を抑止することができるのです。

　　知らないことは何よりも怖いことです。知ることが安心への道しるべなのです。
　　「機序」とは、日常ではあまり用いられていない言葉ですが、三省堂の新明解国
語辞典によれば、機序とは、〔生物学や医学で〕その現象や作用が、何がきっかけ
で起こるのか、その後の変化がどのような要因によって生じるのかについての一連
の（必然的な）メカニズムをいうものとして、「発症の機序」、「増殖の機序」、「タ
ンパク質の合成の機序」などを「機序」という言葉の用例として挙げています。
　　そのようなことから、「パワハラの誘因機序」という用い方をしました。

〈内省について〉
　　内省とは、自分の行動の軌跡や心の在り方などを深く見詰めることを指す言葉で
す。
　　人はそれぞれに過去を背負っています。パワハラ裁判事例は、自らの行動の軌跡
やその時々の心の在り方を思い起こさせ、自らに潜んでいるパワハラ要因を思い当
たらせる糸口となるものです。
　　あの時、彼に嫌みを言ったり、侮辱したり、誹謗したり、意地悪な叱責をしたり、
怒鳴ったり、机を叩いて叱ったり、つい手を出して叩いてしまったり、段ったり、
出来ない仕事や無意味な仕事をやらせてしまった。
　　あの時、何故、私は、彼を悩ませ、苦しませ、悔しい思いや辛い思いをさせてし
まったのだろうか。
　　パワハラ裁判例は、私の、僕のこれまでの職業人生の足跡を振り返って、自らの
心の在り方を問う糸口なのです。
　　自らの心の在り方を深く見詰めることによって、「その時、部下を甚振って、自
分の心の隙間を癒やしていたのかも知れない」、その時々の意識や感情を思い起こ
し、自分を知るためのツールなのです。

第1章　パワハラ裁判135事例の概観

1　集積したパワハラ裁判例の類型区分の説明

1)　集積したパワハラ裁判例を分析し、その要点要旨を編集してみると、「類は友を呼ぶ」の譬えのように、パワハラ行為の態様ごとに「同類のパワハラ」がまとまってきました。

　　筆者は、135のパワハラ裁判例を分析し、個々の判決を簡潔に整理し、項目番号を付けて、物語風に、読みやすく、理解しやすいように編集しました。その過程で、パワハラ行為の態様を区分し類型化しました

　　従って、後記のパワハラ行為の類型は、現実に起き、訴訟に登場したパワハラ行為を素材として、これを分析し、類型化したものです。

　　その意味では、労働施策総合推進法に基づくパワハラ指針が示したパワハラの類型とは異なっています。

2)　パワハラ訴訟は、民法第709条に定める不法行為責任を負うべき行為であるかどうか、という訴訟の目的に従って審理され、真実である事実に基づいてパワハラとされる事実が明らかにされました。

　　そして、その明らかとなったパワハラの事実を類型区分した、すなわちパワハラ行為の態様は、同時に、不法行為であるパワハラの類型です。

　　このようなパワハラ行為は、不法行為に該当するかどうかを中心としながら、これに加えて、企業の職場環境調整義務という安全配慮義務に違反したかどうかという視点からも、その法的な責任が問われるものなのです。

　　パワハラ行為の類型区分は、このような役割を担うものですから、それぞれの区分の境界には、頑なにとらわれるべきものではありません。

　　判決に登場するパワハラ行為は、多様な形態を一つの判決に収めています。その中のある行為は暴力行為であったり、ある行為は侮辱行為、ある行為は強要行為であったりもするのです。

　　従って、裁判例に基づく類型の仕分けは、融通性のあるものと理解していただきたいと考えています。

　　どの類型に該当しても、法的には不法行為であることに違いはないのです。

3) 裁判例分析によるパワハラ類型とその事例数
　（1）業務に<u>直接的に関連</u>して起きたパワハラの態様　8類型　99事例
　　　　11　侮辱的言動　　　　　　　28事例
　　　　12　不当処遇・取扱い　　　　25事例
　　　　13　暴力行為　　　　　　　　14事例

14	不条理な叱責等	12事例
15	強要行為	9事例
16	粗暴行為	5事例
17	過小・過大業務	2事例
18	パワハラ不該当	4事例
	小計	99事例

（2）業務に<u>間接的に関連</u>して起きたパワハラの態様　5類型　36事例

21	強要行為	14事例
22	暴力行為	9事例
23	侮辱行為	6事例
24	名誉毀損行為	6事例
25	脅迫行為	1事例
	小計	36事例
		全135事例

（3）参考　アカハラ　　　　　　　　　2事例

2　パワハラの類型区分別の「タイトル」一覧（パワハラ事例総括表）

〈コメント①〉

　はじめに、分析の素材となる135のパワハラ裁判事例について、その類型区分ごとに1事例を1行に取りまとめ、一目で一覧できる「パワハラ事例総括表」を編集しました。

　1事例1行の前段には、パワハラを誘発した事情、すなわち、パワハラの誘因機序を、後段にはパワハラの行為態様をそれぞれ簡潔に記述します。

　この「パワハラ類型区分別タイトル一覧」（パワハラ事例総括表）は、次の分析データの基本となります。

① 　パワハラ類型区分別タイトル一覧（本項のデータです。）
② 　パワハラ類型区分表
③ 　パワハラ類型区分表の内容を構成する具体的なパワハラ態様の分析
④ 　パワハラの「誘因機序・意図目的」の分析
⑤ 　パワハラの結果、心身に生じた疾病（自殺を含む。）及び法的責任等の分析
⑥ 　自殺事例における自殺の誘因（自殺に至る経過）の分析
⑦ 　自殺事例における自殺の機序（直前の状態）・予見可能性の分析
⑧ 　自殺事例における遺書の訴え・心の叫びの分析
　　〈自殺の多くは、不意に、突然に決行されますが、関係者の観察などにより、事前に予知・予測が可能な身近な出来事です。〉

〈コメント②〉

　類型12は「不当処遇」とし、類型14は「不条理な叱責等」として「不当」や「不条理」という括り方をしました。

これらは、処遇や叱責等が、多様・多彩な形態の不当・不条理な内容を包含した類型であると理解してください。

〈パワハラ事例総括表〉
※ パワハラ135事例の類型区分別の「タイトル」一覧（アカハラ2事例収録）
冒頭の太ゴシック数字の事例は、自殺（未遂2事例）に至った事例です。

（1）業務に直接的に関連して起きたパワハラの類型

〈11 侮辱的言動〉
11-01 成績不良の課長代理を叱咤激励するため侮辱的なメールを上司が全員に送信した事例
11-02 技量未熟で進歩なく、上官から侮辱的な指導叱責を受け自殺の事例（第一審イジメ否定）
11-03 営業に不向きで成績不良の社員が上司の厳しい指導・叱責によりうつ病自殺に至った事例
11-04 主任に推薦するも能力・集中力に欠け動き緩慢、主任失格など厳しい叱責で自殺の事例
11-05 技量未熟で進歩がなく、侮辱的な指導叱責、上官の一人にイジメ認定の事例（控訴審）
11-06 販売方針を批判する社員を排斥しようと組織的に多様なイジメ誹謗中傷等に及んだ事例
11-07 能力不足、うつ病の病歴嫌悪して自主退職を企図し侮辱的な言葉で罵倒叱責した事例
11-08 下請社長の息子への不快感か？　侮辱的言動、暴行、強要、粗暴行為を繰り返した事例
11-09 成績不良の班長に対し、支社長が侮辱的屈辱的な叱責を重ねた事例
11-10 事務長と確執がある上司が事務長特命の業務を行う部下に対し侮辱的な発言に及んだ事例
11-11 仕事が遅くミスを繰り返し、期待外れの部下に上司が侮辱誹謗の言葉を浴びせた事例
11-12 生保支社長が、成績不良のマネージャーを感情的に職員の面前で執拗に侮辱した事例
11-13 多少能力の低い派遣社員に対し正社員が侮辱的なイジメや嫌み言動を繰り返した事例
11-14 高校同級生の女性社員に格別の意識か？　侮辱的、脅迫的、強要的発言を繰り返した事例
11-15 新入社員が頻繁に作業ミス、注意重ねても改善なく重大ミスには罵声叱責に及ぶ事例
11-16 派遣社員に派遣先社員が強い立場で監督者にあるまじき粗暴不適切な発言をした事例
11-17 作業ミス頻繁、叱責重ねても成長なく重大ミスに「馬鹿野郎」と叱責、自殺した事例
11-18 能力発揮できず、指導の過程で受けた侮辱的な叱責によりうつ病発症に至らせた事例
11-19 軽易な業務で応募するも契約書はデザイン業務、侮辱的発言を受けたとして提訴事例
11-20 仕事の覚え悪く、勝手な振る舞いもあり、苛立ちを募らせ侮辱的な叱責に及んだ事例
11-21 部下の成績に不満、侮辱言動、注意受け改善1年後にパワハラ再発、懲戒解雇の事例
11-22 障害者の就労支援を営むNPO法人の役員が、障害者に侮辱言動・セクハラに及んだ事例
11-23 業務未熟な大学院卒新入社員に丁寧に指導するも改善なく侮辱的な言動に至った事例
11-24 講師等の能力・失策・嫌悪感により教授が侮辱的な言動やセクハラ的言動に及んだ事例
11-25 ミス多発・不手際へ嫌みや不快感を示し、叱責が募って叱責のための叱責に至った事例
11-26 班長の意に沿わない部下へ、多様な侮辱的言動により長期間のうつ病に至らせた事例
11-27 仕事遅く覚えも悪く、失敗重ねる社員に軽い暴行・高圧的・侮辱的な叱責に及んだ事例
11-28 注意指導の対象を超え、業務全般を非難し全体的に能力が低いと人格を否定した事例

〈12 不当処遇・取扱い〉
12-01 組合活動嫌悪、仕事外し・隔離・自宅研修命令は業務命令権の濫用・無効とされた事例

12-02　Aは腰痛訴え不利益配転、Bは配転拒否し仕事外し隔離、Bの不法行為を認定した事例
12-03　社員の特定思想排斥目的により、監視・尾行・交際抑止・プライバシー侵害に及んだ事例
12-04　経営悪化に対応した新経営方針に非協力的な課長を2度の降格で受付に配転した事例
12-05　確執なのか？　教授の助手に対する嫌がらせ的な指示や措置を違法行為と認定した事例
12-06　組合委員長の排斥を企図、接触禁止や不可能期限の翻訳命令に不法行為認定した事例
12-07　05の控訴審　第一審判決が認定した5項目の不法行為につき、1項目のみ認定した事例
12-08　虚偽の男女関係の噂を放置し、過重業務付与後に仕事外し、同僚の嫌がらせ放置の事例
12-09　勝手な思い込みか？　パワハラ6項目を主張するも個々に理由を示して否定した事例
12-10　ヤミカルテルを内告発、報復的隔離、一人部屋で雑用等に不法行為性を認定した事例
12-11　勤務態度に問題のある医師の解雇を有効とし、5項目のパワハラ主張を否定した事例
12-12　出向命令無効判決を無視し出向継続、異常低位の考課を人事権の濫用と認定した事例
12-13　協調性や患者とトラブル、独断治療方針理由の10年間の臨床外しが違法とされた事例
12-14　郵便局窓口職員の髭・長髪身だしなみ基準違反を否定、指導等の違法性を判示した事例
12-15　13の控訴審　大学病院の教授が問題ある医師の臨床を10年間拒み、違法認定した事例
12-16　外勤残業に係る上司の労働時間管理の指示を無視、虚偽の報告により普通解雇の事例
12-17　内部通報窓口担当者が通報者開示、1次～3次の不当配転、侮辱的な学習強要の事例
12-18　1週間のリフレッシュ休暇承認後の同月中の年休請求、抑制発言して撤回させた事例
12-19　4人の幼児を養育する看護師、休暇取得抑制する上司の発言の違法性を判示した事例
12-20　契約社員が申し出た正社員の問題ある仕事振り改善指導を怠り、退職に至らせた事例
12-21　老いらくの恋？　64歳上司が39歳の女性職員を食事に誘い、一転嫌がらせに転じた事例
12-22　労基法違反の違約金要求、時間外・退社後就業の事実上の強要等の不法行為認定の事例
12-23　妊娠を報告、業務の軽減を求めるも長期間放置し、妊娠に係る不当な発言に及んだ事例
12-24　22年在任の代表者が交替、新任代表者が前体制の払拭を意図し降格等々に及んだ事例
12-25　生徒の家の飼い犬に咬まれた教諭の賠償発言が批判され校長が教諭を謝罪させた事例

〈13　暴力行為〉
13-01　仕事が遅く失敗を繰り返す社員に、暴言等を浴びせ、殴り・蹴り、塗料を掛けた事例
13-02　派遣社員を勤務態度不良で暴行・傷害に及び逮捕拘留・罰金30万円が科せられた事例
13-03　日頃の不満が蓄積し怠惰な作業態度に怒りが爆発、思わず金属棒で脚部を殴った事例
13-04　仕事ミスに暴行等「甲野次郎よお前だけは絶対に呪い殺してヤル」悲痛な遺書の事例
13-05　勤務態度不良、改善せず、上司は感情的になり、机椅子を叩き蹴り胸倉を掴んだ事例
13-06　高価な素材に対する仕事ミスが多数に及び、暴言叱責、蹴る殴るの暴行をした事例
13-07　仕事振りに不満で、殴る・蹴る、エアガン射撃、アダルト買い取らせ自殺追い込み事例
13-08　成績不良で日頃から叱責を受け支店長送迎時刻に遅れ殴る蹴る、職員面前で暴行の事例
13-09　仕事を覚えられず失敗を繰り返し、厳しい叱責・数回の殴打を加え自殺に至らせた事例
13-10　仕事の過誤を繰り返し叱責暴行を受けていた店員が叱責の当夜に焼身自殺図った事例
13-11　看守が巡回を懈怠し虚偽弁明、副看守長が立腹し胸倉掴んで激しく揺さぶり叱責事例
13-12　仕事ミスに日常的に暴言粗暴の性向のある指導職員が暴言叱責し自殺に至らせた事例
13-13　前夜の作業完了の虚偽のメール、日常仕事振りに不満怒り増幅、暴行伴った叱責の事例
13-14　長距離配送帰途温泉立ち寄り帰社が遅れ、丸刈りにされ、半裸で花火を放射された事例

〈14　不条理な叱責等〉
14-01　期待の能力を発揮できず厳しい上司が会議参加者の面前で侮辱的な叱責を重ねた事例
14-02　課長の勤務振りに部長が頻繁・執拗・繰返し長時間起立叱責、脳梗塞に至らせた事例
14-03　係長に昇進し業務増大して滞留、課長は滞留業務の処理に断続3時間叱責、自殺の事例
14-04　強烈な個性の部長が、感情的に部下を叱責し、怒鳴り付け高圧攻撃的に叱責した事例
14-05　長時間労働で疲労蓄積、担当行事に遅刻、連日の同僚面前の叱責でうつ病発症した事例
14-06　営業クレーム続発、注意指導するも黙り込み、幼稚な質問など侮辱指導に至った事例
14-07　人間関係次第に悪化、成績不良で叱責、事ある毎に説教し、長時間叱責に及んだ事例
14-08　技量未熟な医師が侮辱的・パワハラ叱責と長時間労働で疲弊しうつ病を発症した事例
14-09　高卒3年目、指導を重ねるもミスを繰り返し次第に厳しく注意叱責、自殺に至った事例
14-10　高卒3年目、指導を重ねるもミスを繰り返し次第に厳しく注意叱責・自殺(13-09控訴審)
14-11　知的障害者の仕事・休日取得に不満募り、障害者の名誉感情を害する叱責に及んだ事例
14-12　仕事のミスで毎日のように怒鳴りつけ、蹴り、定規で叩き、胸倉を掴むなどに及んだ事例

〈15　強要行為〉
15-01　服務規定に違反し襟章を装着せず、助役らが千枚通しで襟に強制的に装着させた事例
15-02　軽微な過誤続発、製造長がその都度反省書を提出させ、片付け作業を再現させた事例
15-03　国労マーク入りベルト着用の就業規則違反行為者に就業規則の書き写しを命じた事例
15-04　課長昇進で重圧、退職申出、推薦した部長が許さず、叱咤激励し自殺に至らせた事例
15-05　架空出来高発覚、支店は日報により是正指示、是正進まず遺書残し自殺に至った事例
15-06　販売目標未達成の社員に易者のコスチュームを着用させ、写真に撮影し投影した事例
15-07　酒を飲めない部下に、居酒屋・ホテルで飲酒を強要、翌日レンタカー運転強要の事例
15-08　成績不良の部下に、ノルマ強要し、能力・人格を否定し、私生活に言及した上司の事例
15-09　ホストクラブの21歳ホストが主任ホストから多量飲酒を強要され、死亡に至った事例

〈16　粗暴行為〉
16-01　同僚を中傷した社員の事情聴取時に、人事担当者が高圧的な大声で叱責に及んだ事例
16-02　目標の未達成・仕事失策等により、部長が怒鳴り付け、定規で叩き、冬期に送風した事例
16-03　出張日程の打合せを無視、要請に応じない部下、「ぶっ殺す」等の脅迫的な電話の事例
16-04　長時間労働下で多様で些細なミスに反応し、暴言・暴行・粗暴言動・強要を加えた事例
16-05　伝統空手を学んだ社員に極真空手を修練した先輩が脅迫的な言動でうつ病自殺の事例

〈17　過小・過大業務〉
17-01　社長の後継者として移籍させ、過大業務を付与し支援せず、精神障害に至らせた事例
17-02　不当値引等でレジ・販売不適、価格調査の過重業務へ配置換え打診で自殺に至った事例

〈18　パワハラ不該当〉
18-01　電車遅発防止に係る日勤教育必要性を肯定、うつ病自殺との因果関係を否定した事例
18-02　架空出来高解消の是正指示を受けうつ病自殺、是正指示の不法行為性が否定された事例
18-03　業務が未熟、丁寧な指導受けるも素直に従わず、反抗的な態度を示し解雇に至った事例
18-04　頻繁にミスを繰り返す部下に対し上司らの厳しい叱責が、指導の範囲内とされた事例

(2) 業務に間接的に関連して起きたパワハラの類型

〈21　強要行為〉

21-01　高卒バスガイドが運転手と情交して妊娠中絶、営業所長が退職届の提出強要した事例
21-02　取引先部長の依頼、社員に賃借住居の明渡しを長期間執拗に求め私事に介入した事例
21-03　本社工場移転に際し、転勤義務ないのにあるように誤信させ自己退職を強要した事例
21-04　労災休業から復帰訓練の不合格を繰り返す社員に、執拗に屈辱的な退職勧奨した事例
21-05　能力がなく、暴言・罵倒・威嚇・暴行などで退職を強要され、暴言等の差止請求した事例
21-06　03の控訴審　本社工場移転に伴う転勤義務を肯定、退職強要等の主張が否定された事例
21-07　能力に欠陥があり、マネージャーが頻繁に自主退職を求めた事例
21-08　警察職員の資質に問題があるとし、暴言・暴行、誓約書強要等依願退職を求めた事例
21-09　試用期間中に習熟できず、丁寧に指導、改善せず、試用期間を残し解雇に及んだ事例
21-10　08の控訴審　依願退職を目的とした暴言等の18項目などを不法行為と判定した事例
21-11　都立高校卒業式での職務命令違反を理由に定年後の再雇用の申請を不合格とした事例
21-12　監督官庁のヒアリングで、組織の方針に反した行動により自主退職強要に及んだ事例
21-13　課長を辞めろと罵倒され、退職願提出後、その撤回申し出るも認められなかった事例
21-14　美術館長の姪の双子の姉妹が、学芸員に非常識等々の侮辱的な退職勧奨に及んだ事例

〈22　暴力行為〉

22-01　タクシー会社の主任が乗務員から虚偽の他社就業を批判され、顔面殴打に及んだ事例
22-02　航空会社が大幅赤字解消のため、希望退職届の提出を強要し多様な暴行に及んだ事例
22-03　男性社員が相性の悪い女性社員の命令口調に応じ口論となり、顔面殴打に及んだ事例
22-04　互いに不快意識、副班長が班員の口答え的な返事に激高して、顔面殴打に及んだ事例
22-05　左腕を掴んで引っ張り擦過傷を与え、炎天下、1m四方の枠内で監視業務を命じた事例
22-06　逆パワハラ？　次第に厳しく叱責する上司に殺意、残業中、絞首して殺害に及んだ事例
22-07　次長が店長の怠慢を日誌で指摘、店長が激高して暴行、部長が脅迫的言動に及んだ事例
22-08　日頃暴言癖の事務局長が女性職員に、「横から口を出すな」と怒鳴り暴行に及んだ事例
22-09　07控訴審　店長暴行、部長の脅迫的言動により生じた精神疾患を詳細に判示した事例

〈23　侮辱的言動〉

23-01　課長、係長、主査のイジメ性格傾向か？　弱者を揶揄、侮辱し、自殺に至らせた事例
23-02　上司の粗暴な性格傾向か？　多様なイジメ侮辱、強要、恐喝等で自殺に至らせた事例
23-03　管理職ら多数が、特定の看護師を非難し精神疾患を発症させ不法行為が認定された事例
23-04　降格？　配転に不満？　後任者を揶揄し侮辱するメールを送信、解雇無効となった事例
23-05　逆パワハラか？　有期社員が正社員を誹謗中傷するビラを組合・上層部へ持ち込んだ事例
23-06　同性社員の高額給与を妬み、女性社員が集団で侮辱的言動を展開、休職に至らせた事例

〈24　名誉毀損行為〉

24-01　就業態度に不満？　解雇予告を会議で説明、打合会で読上げ、違法行為を認定した事例
24-02　告訴した上司の横領の加担を疑い、全員の面前で不正加担を決めつけて糾弾した事例
24-03　町長が嘱託の雇止めを企図、個別に侮辱的発言、委員会で名誉毀損発言に及んだ事例

24-04　２つの所長兼務で疲弊、支援せず、多数の社員面前で無能呼ばわり、自殺に及んだ事例
24-05　営業妨害と誤解？　自社データの使用理由に懲戒解雇とし、自社業界紙に掲載した事例
24-06　労組嫌悪？　支部長のマルチ商法の勧誘を非難する張紙を自社や関連会社にした事例

〈25　脅迫行為〉
25-01　粗暴・言動癖の営業社員、課長や同僚に立腹、暴言・罵声・脅迫・金銭強要に及んだ事例

〈特 - アカハラ〉
特 -01　教授が自己の意に沿わない学生に繰り返し人格尊厳を傷つけるメールを送信した事例
特 -02　准教授が３名の女子学生に対し個別に及んだセクハラ２件、パワハラ、アカハラの事例

3　パワハラの類型区分表

〈パワハラの態様別の類型区分〉

〈業務に直接関連して起きたパワハラ行為〉

11　侮辱的な言動
　　事実の摘示の有無を問わず、本人又は他人（人数不問）に対し、本人を侮辱し、軽蔑し、本人に屈辱を覚えさせる言動をし、あるいは本人の人格を誹謗し、名誉感情を傷つける言動（広く多様な通信手段を含む。）

12　不当な処遇・取扱い
　　人事、労務又は労働条件等に関する不当・理不尽な処遇、又は不当・理不尽な取扱いなどの多種多様な人事上の不当な行為ないし措置

13　暴力行為
　　①　素手で叩く、殴る、蹴る、殴打する、ファイルなどで叩く、棒などで殴る、突き飛ばす、腕や体を掴んで揺さぶる、体を壁などに押し付ける・ぶっつける、器物を投げ付ける、丸刈りにする等の身体に対する不当な外形力の行使
　　②　高圧放水し、花火を放射し、冬期に送風し、塗料を掛ける等の行為

14　不条理な叱責等
　　①　頻繁・執拗・繰り返し・長時間・立たせたまま・深夜に及ぶなど人格を無視した不条理な態様による注意・叱責等
　　②　他人・顧客・同僚等の面前又はこれらの人々が認知可能な場所、屈辱を覚えさせる場所や態様による注意・叱責等

15　強要行為

　　義務のないことを無理にさせ、侮辱・苦痛を感じる行為をさせ、又はしたいことを抑止するなど、多様な強制・強要行為又は自由を抑止し若しくは制限する行為

16　粗暴行為

　　大声で怒鳴り、罵声を浴びせ、脅迫的・威圧的な言葉を投げかけ、机や椅子などを叩いたり蹴ったりして、不安・困惑・恐怖感などを与える言動

17　過小・過大業務

　　仕事を制限し、無意味な仕事をさせ、若しくは与えず、又は過重な業務を付与し、若しくは必要な支援をしないなどの行為

18　パワハラ不該当

　　叱責その他の行為で、必要かつ相当の範囲内であり、又は不法行為を否定する事情が存在する場合

〈業務に間接的に関連して起きたパワハラ行為〉

21　強要行為　上記 15 のとおり
22　暴力行為　上記 13 のとおり
23　侮辱行為　上記 11 のとおり

24　名誉毀損

　　①　会議・朝礼・打合せ・集会等の場において、公然と（多数・不特定の他人に）、言葉その他の表現方法により、事実を摘示し、その名誉（社会的評価）を毀損（傷付け）し、又は社会的信用を傷つける言動

　　②　場所及び手段方法を問わず、公然と（多数・不特定の他人に）、言葉その他の表現方法により、事実を摘示し、その名誉（社会的評価）を毀損し（傷付け）、又は社会的信用を傷つける言動

25　脅迫行為

　　生命、身体、自由、名誉又は財産に対し、害を加えるべきことを言葉、電話、メールその他の通信手段により、相手に伝える行為（通常一般の人が不安・当惑・恐怖を覚える程度の内容及び伝達の方法によるもの）

〈コメント〉

　　それぞれの言動には、その強弱・頻度等により「パワハラに該当し」、あるいは「該当しない」と判断される要素があります。

　　例えば、「侮辱的な言動」では、侮辱的とされる言葉の内容に強いパワハラ性を含んでいるものや、怒鳴り付けるなど強烈な語調の言動がある一方で、サラッとしたパワハラ性が軽く小さな言動などもあります（パワハラ性の強

度)。
　また、頻繁に、執拗に繰り返される言動がある一方で、一過性の言動など
パワハラ性が弱く希薄な言動もあります（パワハラ性の頻度）。
　これらのことに留意する必要があります。

第2章　パワハラ裁判 135 事例　要点要旨集

〈業務に<u>直接的</u>に関連するパワハラ区分〉
　11　侮辱的言動----------------------------------28 事例
　12　不当処遇・不当取扱い -----------------25
　13　暴力行為-------------------------------------14
　14　不条理な叱責 ------------------------------12
　15　強要行為---9
　16　粗暴行為---5
　17　過小・過大業務 --------------------------------2
　18　パワハラ不該当の事例 -------------------4
　　　　　　　　　　　　小計 99 事例

〈業務に<u>間接的</u>に関連するパワハラ区分〉
　21　強要行為 ---------------------------------------14
　22　暴力行為 ---9
　23　侮辱言動 ---6
　24　名誉毀損行為 ---------------------------------6
　25　脅迫行為---1
　　　　　　　　　　　　小計 36 事例
　　　　　　　　　　　　全 135 事例

〈パワハラ裁判 135 事例　要点要旨集〉

11-01　成績不良の課長代理を叱咤激励するため、侮辱的なメールを上司が全員に送信した事例

〈**概 要**〉成績不良の課長代理へ、上司が、「課長代理もっと出力を！」と激励メールを送信し、同時に職場の全員にも送信。第一審はパワハラ不該当、控訴審は名誉毀損の不法行為を認定。

〈平成 17.04.20　東京高裁判決　Ｘ保険会社パワハラ名誉毀損メール事件〉

1　サービスセンターの東山所長は、センターではナンバー３でありながら、人事考課の７段階評価が下から２番目の冬川課長代理に対し、冬川課長代理の上司である西山ユニットリーダーが送信した「課長代理もっと出力を！」というメールに呼応して、西山ユニットリーダーのメールを支持する意図により、「意欲がない、やる気がないなら会社を辞めるべきだと思います。当サービスセンターにとっても、会社にとっても損失そのものです。あなたの給料で業務職が何人雇えると思いますか。これ以上、当サービスセンターに迷惑を掛けないでください。」とのメールを所員全員に送信しました。
2　被害者は疾病等を発症していません。
3　被害者は、100 万円の慰謝料を請求しましたが、裁判所は、メールの目的、表現方法、送信した範囲を考慮して、不法行為に基づく慰謝料として５万円の請求を認めました。

11-02　技量未熟で進歩なく、上官から侮辱的な指導叱責を受け、自殺の事例（第一審イジメ否定）

〈**概 要**〉海上自衛隊の海曹候補生が、技量未熟で上官から指導・叱責を受け自殺。この一審判決は、候補生の心理過程を分析してイジメを否定し、控訴審では、直属上官のイジメを認定。

〈平成 17.06.27　長崎地裁佐世保支部判決　海上自衛隊さわぎりパワハラ侮辱事件〉

1　海上自衛官の階級は次のとおりです。上から「将官、佐官、尉官、曹、士」と大別され、「曹」は、上から、海曹長、一等海曹、二等海曹、三等海曹（松男）、「士」は、上から、海士長、一等海士、二等海士に区分されています。
2　松男は、第 22 期一般海曹候補学生として入隊、一般入隊者より早く進級、２年間で一等海士、海士長、三曹となるが、三曹進級時では海士長より技量が劣ることが多かった。
3　松男は、上官や先輩海曹の指導には素直に従うものの、理解が遅く、積極性に乏しく、教育期間の６月を過ぎても技量が未熟であって、班長達から「三曹らしい仕事をしろ」、「三曹のくせに」、「馬鹿かお前は、三曹失格だ」等々侮辱的な言葉を浴

びせられていました。

4　松男は、海上実働演習として平成11年11月3日に出航し、同月8日午前9時頃、乗り組んでいた護衛艦「さわぎり」の艦内で、首つり自殺の状態で発見されました。

5　両親らは、松男の自殺の原因は上官のイジメであったとして損害賠償を請求しましたが、第一審裁判所は、「松男は、精神的疲労を募らせ、演習航海で精神的な圧迫感や閉塞感も手伝って、精神的疲弊状態を一層悪化させて自ら命を絶った」と推測し、上官らの指導には違法はなかったと判決しましたが、控訴審では、上官一人の責任を認定しました。

11-03　営業に不向きで成績不良の社員が、上司の厳しい指導・叱責により、うつ病自殺に至った事例

〈概要〉上司の係長による、営業不向きで成績不良な部下への指導・助言が次第に厳しい叱責となり、部下はうつ病を発症し、8通の遺書を作成して自殺した。労災請求に係る業務起因性が認められた事例。

〈平成19.10.15　東京地裁判決　ＮＫ化学パワハラ侮辱事件〉

1　パワハラの行為者は、直属上司の係長で、営業熱心、業績も順調、しかし傍若無人で部下と口論し、言い返せない部下にとってはきつく感じさせる人物でした。

2　被害者に対する厳しい叱責は、「病院の回り方が分からないのか、何年回っているんだ」、「存在が目障りだ、居るだけでみんなが迷惑をしている」などと、仕事を離れて、被害者の人格を否定する発言も多数ありました。

3　被害者は　、遺書8通を残して縊首により自殺。遺書には、謝罪の言葉や極めて自虐的な言葉が記載され、抑うつ気分、悲観的思考、自信の喪失、罪責感が綴られていました。

4　事案は、労災請求に係る労基署長の不支給決定の取消を求める行政訴訟です。民事の不法行為に基づく損害賠償は訴訟対象ではありませんが、上司係長の言動は、被害者の名誉に関する人格権を侵害する侮辱としてのパワハラに該当すると考えられます。

11-04　主任に推薦するも能力・集中力に欠け、動き緩慢、主任失格など厳しい叱責で自殺の事例

〈概要〉上司が主任に推薦した部下の能力・集中力の不足、動きの緩慢さに不満を覚え、厳しい指導や「主任失格」等の叱責をし、部下の精神的負荷を過重にさせ、うつ病・自殺に至らせた事例。

〈平成19.10.31　名古屋高裁判決　Ｔ電力パワハラ侮辱事件〉

1　パワハラの被害者は、工業高校卒業と同時に、Ｔ電力会社に入社し、一貫して現場の技術職として勤務していました。

2　パワハラの行為者は、現場経験が豊富で業務に精通している課長職で、日頃から、大声できつい口調で指導や叱責をし、課長席や会議のコーナーに課員を呼びつけ、他の社員にも聞こえる状況で厳しく指導していました。

3　被害者に対しては、自分が主任に推薦してやったとの思いもあって、特に厳しく指導し、時には、「君は主任失格だ」、「お前なんか居ても居なくても同じだ」などと、指導や叱責の範囲を逸脱し、広く名誉人格権を侵害し、名誉感情を傷つける侮辱的な言葉を浴びせていました。

被害者は、うつ病に罹患し、自家用車内で焼身自殺に至りました。

4　事案は、労基署長の労災不支給の取消を求める行政訴訟です。判決では、第一審・控訴審とも、死亡はうつ病による自殺として、業務起因性が肯定されました。

11-05　技量未熟で進歩がなく、侮辱的な指導叱責、上官の一人にイジメ認定の事例（控訴審）

〈**概要**〉海上自衛隊の海曹候補学生として入隊し、教育期間を経て演習航海中、上官のイジメ言動によりうつ病を発病し自殺に至る。上官の不法行為を認定。うつ病の医学的知見等を判示した事例。

〈平成 20.08.25　福岡高裁判決　海上自衛隊さわぎりパワハラ侮辱事件〉

1　11-02 の控訴審です。上官達のパワハラ言動は 11-02 のとおりです。上官の杉埜班長と松埜班長の責任が問われましたが、杉埜班長は、被害者の護衛艦「さわぎり」乗り組みを推薦し、「百年の孤独」という焼酎を持参させた返礼に、被害者一家を自宅に招待するなど好意をもって接しており、杉埜班長の叱責については違法性が否定されました。

2　他方、松埜班長は、被害者の直属上官として、被害者の作業能力などに係る侮辱的・誹謗言動の中心人物であり、被害者が母親や妻に対し、松埜班長から厳しい叱責を受けていると告げていることから、杉埜班長のような人間関係ではなかったと認められます。

3　松埜班長の叱責の言辞は、それ自体侮辱であり、被害者の心理的負荷を過度に蓄積させ、指導の範囲を超えるものであり、松埜班長の言動は、安全配慮義務に違反し、国家賠償法上も違法であるとして、実母に 200 万円、養父に 150 万円の慰謝料を命じました。

11-06　販売方針を批判する社員を排斥しようと組織的に多様なイジメ・誹謗中傷等に及んだ事例

〈**概要**〉会社の強制的な商品販売方針を批判した社員に、組織的なイジメ（粗暴言動・侮辱・不当処遇・強要）を展開し、遂に会社から排除した言動について不法行為を認定した事例。

〈平成 20.11.11　東京地裁判決　B研パワハラ強要等事件〉

1　上司は、契約の解約を了承しながら会議席上、「この損害はどうしてくれる」と非難し、「サプリアドバイザーの資格を持ちながら成績不良、解約多数だ。皆が笑っている」、「お前がいると会社が潰れる。言うことをきかなければ自宅待機だ」と叱責した。

2　さらに、行動を常時監視し、新人を近づけず、社員には疎外するように仕向け、同僚には被害者を「嘘つきだ」と言わせ、事実上降格し、「午後3時までに全ての荷物を持って出て行くよう」に命令し、重い荷物を持って退出したため腰痛を発症しました。

3　被害者は、罵倒、イジメを受けてうつ状態に陥り、受診した結果、極度のストレスによる反応性うつ状態で、就労不可能な状態との診断を受けました。

4　裁判所は、パワハラの行為者2名には、民法第709条及び第719条の不法行為（共同不法行為）、会社に対しては、民法第715条の使用者責任を認定し、慰謝料として80万円、逸失利益として基本給1年分の225万6000円の支払いを命じました。

5　未払賃金、時間外手当の支払いに併せ、賃金の支払い確保法に定める14.7％の遅延損害金の支払いを命じました。

11-07　能力不足・うつ病の病歴嫌悪して自主退職を企図し、侮辱的な言葉で罵倒叱責した事例

〈概要〉うつ病の既往歴がある社員が体調不良により欠勤後、指示どおりの仕事ができず、自主退職を企図した上司の人格否定的な叱責発言により短期間でうつ病を再発し、パワハラ認定に至る。

〈平成 21.01.16　東京地裁判決　V社パワハラ侮辱事件〉

1　梅埜部長は、春男が指示どおりに仕事を処理できなかった場合には、同僚の面前で、「バカ野郎」と罵り、仕事を指示する際などには、「大学出ても何にも出来ない」、「今日やった仕事を言って見ろ、バカ野郎、それだけしか出来ないのか、事務の女の子だって、これだけの仕事の量をこなせるのに、お前はこれだけか」と叱責した。部長の指示で受診し、診断書を提出すると、「うつ病みたいな辛気くさい奴は、うちの会社にはいらない。お前が採用されたことで採用されなかった奴もいる。会社にどれだけ迷惑を掛けているのか分かっているのか、お前みたいな奴はクビだ」などと30分ほど罵声を浴びせました。

2　春男には、うつ病から来る自殺願望が出てきたため、遺書を書いて、地下室に降りて、処方された薬を2週間分一気に飲んで倒れ、救急搬送により一命を取り留めました。

3　部長の叱責は、業務の指示を超えて春男の人格を否定し、侮辱する不法行為であるとして、会社の使用者責任が認定され、慰謝料80万円の支払いが命じられました。

11-08　下請社長の息子への不快感か？　侮辱的言動、暴行・強要・粗暴行為を繰り

返した事例

〈**概 要**〉下請会社代表者の息子が元請会社に「養成社員」として入社し、指導係の上司が加えた各種の嫌がらせ（侮辱、暴行、強要、粗暴行為など）を人格権侵害によるパワハラと認定した事例。

〈平成 21.02.19　津地裁判決　Ｎ土建パワハラ侮辱等事件〉

1　松男は下請建設会社の経営者の息子で、某大学土木科を卒業し、元請建設会社で現場実務を学ぶため、一般従業員同様に勤務していた（ただし、賞与・退職金はない）。これを元請の立場では「養成社員」と呼び、元請会社の秋野主任が指導係を務めていた。

2　秋野主任は、松男を快く思っておらず、「お前が来たから春山部長がリストラされるんや」などと嫌みを言い、仕事でも「こんなことが分からないのか」とか、「今日中に片付けろ」などと叱責して徹夜の作業をさせたり、物を投げ付けたり、机を蹴飛ばしたり、ガムを吐きかけたり、測量用のポールを投げ付け、足を怪我させたりしていました。

3　松男は、養成社員であると自らに言い聞かせ、春野所長に上記の事実を伝えることなく、一生懸命仕事に励んでいましたが、交通事故により死亡しました。

4　裁判所は、元請会社は、秋野主任が元請会社の社員としての優越的な立場を利用して、職場において人権侵害を起こさないよう配慮すべきパワハラ防止義務に違反したとして、訴訟を提起した原告である父母に対し、慰謝料 150 万円の支払いを命じました。

11-09　成績不良の班長に対して、支社長が侮辱的屈辱的な叱責を重ねた事例

〈**概 要**〉営業所長の失念事故の処理を担当したマネージャー春子へ、「契約時の告知義務違反の教唆」を疑う不名誉な質問をし、成績不良への支社長や営業所長の叱責に不法行為性を認定した事例。

〈平成 21.10.21　鳥取地裁米子支部判決　Ｆ生命パワハラ侮辱事件〉

1　マネージャーの春子は、営業所長が失念した新規の保険契約の締結に関して、営業所に随時来所する支社長から、「病歴の不告知の教唆」を疑われ詰問された経緯がありました。

2　春子は、支社長から不快に思われ（？）、春子の班が成績不良だったことから、「成績が悪い」、「班員を育成しているのか」、「この成績でマネージャーが務まると思っているのか」、「マネージャーを何時降りてもらっても構わない」などと、朝礼や会議室で叱責され、ストレス性うつ病と診断されました。営業所長も同様に春子を叱責していました。

3　裁判所は、上記①の「病歴不告知教唆」の詰問が同僚の面前で行われたこと、②の成績不良を叱責する言葉には違法な点が含まれていることを指摘し、支社長と営業所長とは共同不法行為責任（民法第 709 条及び第 719 条）を免れないとして、

会社に対し、使用者責任（民法第 715 条）により 300 万円の慰謝料の支払いを命じました。

11-10　事務長と確執がある上司が事務長特命の業務を行う部下に対し、侮辱的発言に及んだ事例

〈 概 要 〉事務長と確執のある課長心得が、部下であって、事務長特命の業務に従事する職員への脅迫的な言動や侮辱的な言動によりうつ病に至らせた一連の行動がパワハラと認定された事例。

〈平成 23.07.26　東京地裁判決　財団法人 K 研究所パワハラ侮辱事件〉

1　春山課長心得は、その上司である事務長との間に確執があり、そのため、事務長の特命業務に従事している部下の夏山に対し、その仕事に関して、「1 年近くやっているんだから、サッサと終わらせろ」とか、「背任行為の片棒を担いでいる」とか、「ネットの履歴を見て、事務長に告げ口をしているんだろう」と罵ったりしていました。

2　病室に一時保管してあった機材を電算室に移動する共同の作業に際して、夏山が遅れて来たことから、春山は、「何処へ行っていたんだ」、「何処から給料を貰っているんだ」、「わざと荷物移動のときに居なくなったのか」などと怒って怒鳴りつけました。

3　その後、夏山は、精神神経科で受診し、「うつ病」と診断され、退職を申し出ましたが、事務長に慰留されました。春山は、懲戒解雇となり、本件訴訟の提起に至りました。

4　裁判所は、春山の夏山に対する一連の言動は、その言動自体からしても指導というレベルを逸脱し、個人攻撃の域に達し、いわゆるパワハラであって精神的に重大なダメージを与え、長期間の欠勤に至らせたとして、春山に関するその他の 3 つの非違行為と併せて評価し、春山に対する懲戒解雇を有効と判決しました。

11-11　仕事が遅くミスを繰り返し、期待外れの部下に、上司が侮辱誹謗の言葉を浴びせた事例

〈 概 要 〉仕事が遅く、ミスを繰り返すなど、能力不足の部下へ上司の期対外れの感情が露骨に示され、「もうええ加減にせえ、辞めてしまえ、足引っ張るな、あほうじゃ」等発言の侮辱の事例。

〈平成 24.04.19　岡山地裁判決　O 銀行パワハラ事件〉

1　東山は、被告銀行の支店に勤務する一般職員であり、西山は東山が勤務する支店の支店長代理で、西山は、時期は不明であるが、仕事のミスをした東山に対し、「もうええ加減にせえ、辞めてしまえ。足を引っ張るな。」、「一生懸命しようとしても一緒じゃが、そら、注意しよらんじゃもん。同じことを何回も何回も。もう、貸付

は合わん、止めとかれ。なんぼしても貸付は無理じゃ、もう、性格的に合わんじゃと思う。」、「足引っ張るばあすんじゃったら、おらん方がええ」などと叱責していました。

2　上記西山の叱責は、厳しい口調で、「辞めてしまえ」、「○○以下だ」などと頻繁に行っていたことから、これらはパワーハラスメントに該当します。

3　被告銀行は、西山に対し、職務の遂行に当たって、銀行に使用者責任が生ずることを防止するために必要な措置を講じていないから、銀行は使用者責任を免れることは出来ず、東山に対する慰謝料は 100 万円が相当であると判決しました。

11-12　生保支社長が成績不良のマネージャーと感情的に対立し、職員面前で侮辱叱責した事例

〈**概要**〉部下の質問に激怒した支社長が、マネージャーの成績不良に対し、名誉毀損的・侮辱的に怒鳴りつけ、会議や朝礼で名指しして執拗に成績不良を責め、うつ病発症に至らせた事例。

〈平成 24.07.16　鳥取地裁判決　Ｔ生命保険会社パワハラ行政訴訟事件〉

1　この事案は、11-09 の民事損害賠償事件（平成 21.10.21 付け判決）と同一の事実に対する労災補償請求に係る訴訟事案です。この判決で争われた事実は、うつ病の発症原因としての支社長らのパワハラ言動です。従って、11-09 の事案と事実関係は重複しています。

2　春子は、営業所長の手続ミスに代わって新たな契約を成立させ、その後、被保険者が死亡したので、保険金の支払い時期を支社長に質問したところ、支社長は感情的になり強い口調で、「告知義務違反があれば、保険金は絶対に出ない。お前は不告知を教唆したのか、していないのか」と顔を真っ赤にして怒鳴りました。これが両者の確執の原因です。

3　支社長の春子に対する叱責の内容や状況は 11-09 と同様につき、ここでは割愛します。支社長は、成績不良の叱責に加え、春子の班の班員が退職したことについても「部下の班員が辞めたのは、全てマネージャーであるお前の責任だ」とも叱責していました。

4　労災不支給決定は、この訴訟において取り消されました。

11-13　多少能力の低い派遣社員に、正社員が侮辱的なイジメや嫌みの言動を繰り返した事例

〈**概要**〉多少能力が低くイジメの標的となった派遣社員、正社員のイジメ性格傾向が見え隠れする「命令違反だ」、「あほ」、「殺すぞ」など発言や休暇取得への嫌みな発言、嫌がらせ的な発言の事例。

〈平成 24.10.30　大津地裁判決　ＡＬ社パワハラ侮辱事件〉

1　この事案は、派遣社員太郎が派遣先で太郎の業務を指示指導する派遣先の2名の社員「南野ら」から、パワハラを受けたとして派遣先会社に対し、損害賠償を請求した訴訟です。
2　南野らは、太郎の休暇の申出に対し、「出勤を促したり」、「休んでいい」というほか、休暇を取ったと場合には雇用不安を与える言動をし、太郎の通勤車に傷を付けると言い、南野は、同人が指示した作業をしていなかったことから「殺すぞ」などと発言し、さらに機械にこぼした洗剤の拭き取りが不十分で機械に腐食を生じたため「アホ、殺すぞ」と怒鳴り、前日に太郎が体調不良で休暇をとったことを咎める発言をし、南野は、それ以前にも休暇をとると「パチンコに行っていたのか」と嫌みや咎める発言をしていた。
3　裁判所は、南野らのその他の言動を含めて、派遣先会社に対し使用者責任としての慰謝料50万円、派遣先会社固有の不法行為責任としての慰謝料30万円の支払いを命じました。

11-14　高校同級生の女性社員に格別の意識か？　侮辱的、脅迫的、強要的発言を繰り返した事例

〈概要〉新たな女性事務員の入社を期に社長の暴言が始まり、退職申出後の勤務継続が誘因か不明だが、無意味な暴言、電話応接へ侮辱的叱責、理不尽な業務命令、時間外・休日の自由妨害などをした事例。

〈平成24.11.29　大阪地裁判決　不動産会社パワハラ侮辱事件〉

1　この事案は、高校同級生の女性社員に対し、代表者が格別の感情をもって接した事案です。代表者は、新たな女性社員の入社を期に、次のような侮辱的な言動や嫌がらせをしたり、休日に無用の長電話をしたり、深夜に意味不明な電話をするなどしました。
2　「アホ、カス、死ね」と言い、電話の応対を叱責し、社長室に呼び出し、「なんやお前、その態度」、「やる気がないなら帰れ」と大声で怒鳴り、暴言で円形脱毛症になった際には、「それは鬱やろ、鬱だろうが何だろうが、お前を追い詰めてやる」と恫喝し、過去の確定申告書を探せと命じ、「全部探したのか、会社中の段ボール全部を探したのか」と責め立て、深夜に電話を掛けて、「何してんの」などと意味不明の言葉を投げかけた。
3　裁判所は、各言動は侮辱的な言動として不法行為を構成するとし、代表者には民法第709条を適用し、会社には、代表者の行為として会社法第350条を適用して、両者連帯して慰謝料30万円の支払いを命じました。
※　会社法第350条　株式会社は、代表取締役その他の代表者がその職務を行うについて第三者に加えた損害を賠償する責任を負う。

11-15　新入社員が頻繁に作業ミス、指導重ねても改善なく、重大ミスには罵声叱責

に及ぶ事例

〈概 要〉新入社員の頻繁な作業ミスに上司は指導を重ねるもミスは改善されず、重大ミスには罵声を発して叱責。夏男は自殺に至る。上司の不法行為は否定され、会社の過失責任が認められた事例。

〈平成 25.05.25　仙台地裁判決　Ｏ県貨物運送非パワハラ叱責自殺事件〉

1　新入社員の夏男は、作業ミスが多く、所長は、次のように叱責していました。「何で出来ないんだ」、「何度も同じことを言わせるな」、「そんなことも分からないのか」などと叱責し、重大なミスをした際には「馬鹿」、「バカ野郎」、「帰れ」ということもありました。

2　夏男が所長から受ける叱責は、週に 2、3 回程度であり、叱責は仕事ミスをした時だけであって、理由なく叱責することはなく、時間も 10 分程度で、社員の誰にでも仕事ミスに対しては同様に叱責し、夏男にだけ厳しく叱責していたのではありませんでした。

3　所長の叱責の態様に鑑みると、必ずしも適切だったとは言えないまでも、業務上の指導として許容される範囲を逸脱せず、違法とは評価することはできない。

4　所長には夏男の自殺の予見可能性が認められるから、被告会社には夏男の労働環境を確認し、心身の変調を防止すべき注意義務の違反が認められ、他方、所長は増員を要請し、長時間労働の実態を会社に認識させていたから不法行為責任を負わない。

5　裁判所は、慰謝料 2200 万円、逸失利益 4679 万 0523 円、弁護士費用 630 万円を算定し、これから労災保険の支払額を減額して原告各自につき、34,703,290 円の支払いを命じました。

11-16　派遣社員に派遣先社員が強い立場で、監督者にあるまじき粗暴・不適切発言をした事例

〈概 要〉派遣先の社員が、派遣社員の仕事振りや仕事の誤りを不適切な言葉で叱責し、休暇取得を抑制し、嫌みを言い、挨拶を無視するなど、人格を傷つける対応に対して違法性を認定した事例。

〈平成 25.10.09　大阪高裁判決　ＡＬ社パワハラ侮辱事件〉

1　この事案は、11-13 の控訴審です。派遣元の南野社員の言動に関する事項として、①雑用の指示、②他者の指示作業従事に係る「命令違反」の発言、③年休取得の抑止発言、④作業効率抑制の指示、⑤指示プログラムを変更出来ず「殺すぞ」の発言、⑥機械の洗剤拭き取りに「殺すぞ、アホ」の発言、⑦体調不良での休暇に「パチンコか」の発言、⑧通勤車の傷の有無を尋ねる発言、⑨挨拶するとわざと咳き込む態度が認定されました。

2　南野の言動は、粗雑で、極端で、配慮を欠いており、太郎が、それが南野の性癖であって、真意でないことを認識できたとしても、太郎はそれを受忍しなければな

らない理由はないのであって、その言動は個別には不適切に止まるものもあるが、太郎が不快・拒絶の態度を示している中で繰り返し行われたものであるから、パワーハラスメントとしての不法行為といわざるを得ず、それらの言動は被告会社の業務に付随して行われたものであるから、被告会社は使用者責任を負い、慰謝料は全体として30万円が相当である。

11-17　作業ミス頻繁、叱責重ねても成長なく、重大ミスに「馬鹿野郎」と叱責、自殺の事例

〈概要〉新入社員が繰り返し作業ミスに上司は指導を重ねるも成長がなく、重大ミスには「バカ野郎」と罵声を発するも、その後は「こんこん」と言い聞かせパワハラは否定。自殺には不法行為責任。

〈平成26.06.27　仙台高裁判決　O県貨物運送非パワハラ叱責自殺事件〉

1　11-15の控訴審です。控訴審でも第一審と同様に、所長の夏男に対する叱責は、「適切なものとは言えないまでも、営業所長として上司に与えられた業務上の指導教育・叱責の範囲を逸脱せず、パワハラ性を帯びた叱責とは認められない」と判断しました。

2　第一審は、夏男の死亡（自殺）に関して所長自身の不法行為責任は否定しましたが、控訴審では、次のように判断しました。

　所長は、被告会社に代わって夏男の業務を調整し、過度に心理的負荷が蓄積しないよう配慮する職責を負っており、本社に対し、時間外労働時間を正確に伝えておらず、また、夏男のミスに対する指導方法は、夏男の肉体的・心理的負担を考慮したものとは認められず、それぞれについて注意義務違反があり、夏男の自殺についても予見の可能性があったのであるから、夏男の死亡について不法行為責任を免れない。

3　所長は民法第709条の不法行為責任を負い、被告会社は民法第715条の使用者責任を負い、それぞれ連帯して3470万円余の損害賠償金の支払い義務がある。

11-18　能力発揮できず、指導の過程で受けた侮辱的な叱責により、うつ病発症に至らせた事例

〈概要〉社歴9年で出張先の上司の指示を遂行できず、上司の指示が苦痛になり、仕事への意欲を喪失し、パワハラでうつ病発症、休職申出に対する上司の休暇や異動関連の指示に不法行為を認定。

〈平成27.01.28　東京高裁判決　S社パワハラ侮辱言動事件〉

1　上司夏山は、春男に対し、提出資料の分析を更に進めるよう指示をしたが、春男は積極的に取り組まず、夏山はミーティングで「春男の仕事への態度に問題がある」と指摘し、月に1、2度の注意指導がシステム稼働を目前にして増加し、春男は夏

山の注意指導が苦痛となって意欲を無くし、惨めな気持ちを抱き、精神的に追い詰められていった。

2　春男は、精神科で診断を受けた際に、医師に対し、夏山から、「新入社員以下だ、もう任せられない」、「何で分からない、お前は馬鹿」と言われたことを話していた。

3　裁判所は、2の前段の発言は、指導・注意の過程での言動であり、夏山が嫌がらせの意図を有していたとは認められないものの、このような言葉は、春男に屈辱を与え、心理的負荷を過度に加える行為であり、後段の発言は、春男の名誉感情をいたずらに害する侮辱であって、指導・注意としての範囲を超え、相当性を欠き、不法行為を構成すると判示し、被告会社及び夏山に対し、慰謝料を150万円の支払いを命じました。

11-19　軽易な業務に応募するも契約書はデザイン業務、侮辱的発言を受けたとして提訴の事例

〈概要〉面接時に示された「コピー・製本業務」が、労働契約書では「デザイン業務」となり、デザインの能力がなくコピー等に従事する中で、侮辱的発言によりパワハラを受けたと主張した事例。

〈平成 26.08.13　東京地裁判決　X社内定ミスパワハラ侮辱事件〉

1　原告は、①求められたスキルの高さに「今はむずかそい」と答えた際に「前向きでない」と叱責され、「もうデザインはやらなくていい」と言われ、②採用担当者から「自分にはスキル確認のミスがあった。当社ではデザイン業務のできる人が必要なので、デザイン業務には新しい人を募集する」と言われ、③「あなたの受け入れ先はどこにもない。契約期間いっぱいで更新はしない。何時辞めてもよい」と言われたと主張しました。

2　裁判所は、厚生労働省の円卓会議のパワハラに関する概念について、「極めて抽象的な概念であり」と述べ、裁判所として、より具体的な判断の要素を示し、これに基づき、上記原告の主張について、「時期や前後関係が明確でなく」、「会社関係者は原告の主張を否定し」、「原告の供述以外に裏付ける客観的な証拠がない」として請求を棄却しました。

11-20　仕事の覚えが悪く、勝手な振る舞いもあり、苛立ちを募らせ、侮辱的な叱責に及んだ事例

〈概要〉高卒新入社員は、仕事の覚えが悪く、仕事ミスや車中居眠りなどにより上司は苛立ち、多様な叱責を加え、指導とは無関係の人格否定・侮辱的言辞を浴びせ、自殺に至らせた事例。

〈平成 26.10.28　福井地裁判決　A産業パワハラ侮辱自殺事件〉

1　新入高卒社員の春男が上司から受けた叱責等（12項目中の5項目）は、次のと

おりです。春男は、入社（4/1）した年の12月6日午前6時頃、自宅の自室で縊首自殺をしました。

1）学ぶ気持ちがあるのか、何時までも新人気分だ、詐欺と同じだ。

2）毎日同じことを言う身にもなれ、わがままだ、申し訳ない気持ちがあれば変わっている筈だ。

3）何で自分が怒られているのかが分かっていない、反省をしている振りをしているだけだ。

4）平気で嘘をつく、そんな奴会社に要るか、嘘をついたのに悪気もない。

5）何時までも甘々、学生気分はさっさと捨てろ、死んでしまえばいい。

2　これら上司の発言は、仕事ミスに対する叱責の限度を超えて春男の人格を否定し、威圧する定型的なパワーハラスメントであって、不法行為に該当し、被告会社は民法第715条の使用者責任を負い、上司の言動は精神障害を発症させるものであったから、上司の不法行為と自殺との間には相当因果関係が認められる。

　　以上により、被告会社は当該上司と連帯し、春男の死亡に対し、慰謝料2300万円、逸失利益4727万円余等を支払わなければならない。

11-21　部下へ侮辱叱責、会社から注意・指導を受け改善1年後にパワハラ再発、懲戒解雇の事例

〈概要〉最初のパワハラにつき適切な指導を受けたにもかかわらず、再度パワハラ行為を行い、これを「業務上必要な指導だ」と主張する確信犯的なパワハラ上司の懲戒解雇が有効とされた事例。

〈平成28.11.16　東京地裁判決　ソ社パワハラ侮辱言動懲戒解雇事件〉

1　上司夏山の部下2名に対する言動は、次のとおりです。

　　頻繁に罵声を浴びせ、プライベートを指摘し、「お前の歳でそんな仕事しか出来ないのか、お前の歳なら周りの人は皆役職に就いているぞ」と罵声を浴びせ、家族を批判し、「お前、アホか、お前クビ」、「お前なんか何時でも辞めさせられる」などと言い、「私は至らない人間です」と何度も復唱させ、交際相手を批判し、恐怖心を抱かせました。

2　会社は、夏山を厳重注意し、顛末書を提出させ、会社のコンプライアンス方針、パワハラに関する資料を示して教育を施し、更に顛末書に関して再度教育を加えました。

3　しかし、1年3か月後、夏山は別の部下に対し、1と同様の言動を行い、部下の一人を適応障害（不安抑うつ状態）に陥らせた。そこで、夏山の弁明を聴取すると、「部下への叱責は部下育成のためであり、自分の言動に反省すべきものはない」と反論したため、会社は、改善不可能と判断し、懲罰委員会を経て、懲戒解雇にしました（有効）。

11-22 障害者の就労支援 NPO 法人の理事が、障害者に侮辱的言動・セクハラ行為に及んだ事例

〈**概 要**〉パワハラの性格傾向を有する障害者施設の理事が、施設利用者の些細なことに嫌がらせ発言をし、生活保護の受給の事実や肥満などへの皮肉な発言をし、セクハラ行為などに及んだ事例。

〈平成 29.02.21　長崎地裁判決　NPO 法人パワハラ侮辱事件〉

1　NPO 法人の理事が施設の利用者に行ったパワハラ行為は、次のとおりです。
　1) 仮名花子に対し、生活保護を受けていることから、「お前は俺たちの税金で生活しょっとぞ、それを全然分かっとらん、俺たちのお陰で外食したりしている」と叱責した上、「88 キロになったか、さっさと痩せろ」などと言い、周囲に利用者がいる中で、「太っている体重を計れ、これは食べるな」と叱責しました。
　2) 太郎の妻の花子に、「今日は何で太郎は来ん、呼んで来い、サボりやろが」と言い、花子を叱責し、歯痛の花子に対し、「お前が笑顔で売らんけん、パンもいっちょん売れんやろが」と叱責しました。
2　上記 1) の発言は、社会通念上許容範囲を超えた非難（侮辱）言動であり、名誉感情を傷つけ違法であるが、2) の発言は、やや穏当を欠くものの、直ちに損害賠償を要するまでの違法性は有しないとして、10 万円の慰謝料を認定しました。
　理事には、別に 2 件のセクハラがあり、慰謝料合計 80 万円の支払いが命じられました。

11-23 業務未熟な大学院卒新入社員に丁寧に指導するも改善なく、侮辱的な言動に至った事例

〈**概 要**〉大学院卒の新入社員の業務の未熟を丁寧に指導するも改善がみられず、上司は平穏な口調ながら侮辱的な発言に及び、後任の上司も「お前」、「馬鹿」と侮辱的な発言に及んだ事例。

〈平成 29.04.26　東京高裁判決　H 社パワハラ侮辱事件〉

1　上司の花子に対する問題言動は、次のとおりです。
　東山係長は、「休日は何しているの、会社に友達はいないの」、「同期入社の人と飲みに行ったりしないの」と質問し、「同期との飲み会は何よりも優先すべきだよ、そうしないと、甲野（花子）さんの周りから誰もいなくなるよ」と言い、別の面談では、「甲野さんがやっている仕事は仕事ではなく、考えなくても出来る作業だ」などと言い、東山係長の後任の西山係長は、送別会の二次会で花子に、「多くの人がお前を馬鹿にしている」と言ったため、花子が「多くの人って誰ですか」と問い糺すと、「酔っている俺が素面のお前に話せるか」などと答えた。
2　東山係長の発言は、いずれも配慮を欠いた言動であり、花子が悔しい気持ちを抱いたことは容易に推測でき、西山係長の発言は、花子が通常甘受すべき程度を著しく超える屈辱的なものであり、会社の業務執行として行われたことから被告会社の

不法行為となり、両係長の上記言動により花子が被った精神的苦痛を慰謝するには 100 万円が相当である。

11-24　講師等の能力・失策・嫌悪感を理由に、教授が侮辱的言動、セクハラ的言動に及んだ事例

〈概要〉教授の講師等への多数の叱責、揶揄、嫌みの言動からイジメの性格傾向が見え、講師の業績の過小評価、助教への性的な揶揄・強要を意味する発言、実験の失敗を責める過激な発言など。

〈平成 29.10.04　前橋地裁判決　Ｇ大学パワハラ侮辱事件〉

1　東山教授の講師等に対する侮辱的な発言は、次のとおりです。
　①　Ｅ講師への業績不調、研究予算の獲得不調による叱責発言、勤務時間に係る嫌みな発言
　②　Ｌ助教への女性蔑視発言、私的・プライバシーへの不当な介入、風邪受診に係るセクハラ的な発言、他の者を不快にさせる言動
　③　Ｍ助教への業務の適正範囲を超える叱責
2　東山教授のＭ助教への叱責では、「研究失格で、大学院生以下だ」などと強く非難し、Ｍ助教の実験失敗の原因を掘り下げて究明し、失敗しないためにはどうすればよいかを指導した様子は全くなく、発言の内容及び態様からみて、指導の手段としては著しく不相当であって、業務上の必要性を逸脱し、精神的苦痛を与えるだけの叱責である。
3　裁判所は、東山教授の懲戒解雇が行われるまでに、講師、助教らが何らかの精神疾患に罹患したことは決して軽視できないとしつつも、諭旨解雇を懲戒解雇に切り替えたことについて、東山教授の法律上保護されるべき利益を侵害するものであると判示して、懲戒解雇を無効とし、大学に対し、東山教授に対する慰謝料 15 万円の支払いを命じました。

11-25　ミスの多発・不手際へ嫌み、不快感を示し、叱責が募って叱責のための叱責に至った事例

〈概要〉ミスの多発や不手際への叱責が激化し、叱責がイジメと化して快感を覚える？性格傾向を感じさせる侮辱的な言動、人格を誹謗し罵声的な叱責を浴びせ、適応障害を発症させ、休職に至る。

〈平成 30.12.07　長崎地裁判決　ＣＲ社パワハラ侮辱言動事件〉

1　取締役が派遣社員春男に行ったパワハラ言動の特徴的な部分を次に述べます。
　平成 25 年 7 月頃から、叱責を受けている春男の目付きや表情を捉えて、「何だその目付きは、文句あるのか、言いたいことがあるなら言え、恨めしげに睨みやがって、腹が立つ」、「反抗的な、物言いたげな、口をとがらせたような顔をとる」等々

叱責し、会議の後、昼過ぎまでフロア全体に響く大声で、春男を問い詰め、「お前のルール違反を俺の所で止めているから、辛うじてクビが繋がっているんだ」、「お前のミスを明らかにすれば、お前はクビだ、脅しじゃないぞ」、「始末書を2枚も書いているんだぞ、リーチ掛かっているんだ」、「今後も改善しないなら、いよいよ考えないといかん」と叱責し、同年10月頃、春男は、「叱責されると身体が震える」と感じ、平成26年6月4日、同年7月1日、同月11日と侮辱的な叱責を受け、「もう駄目だ」と言い、同月14日から休みに入った。

2　裁判所は、取締役の叱責は、「叱責のための叱責」であるとして、春男の人格権を違法に侵害する不法行為（民法第709条）、及び被告会社の使用者責任を認定し、慰謝料20万円の支払いを命じました。

11-26　班長の意に沿わない部下へ多様な侮辱的言動により、長期間のうつ病に至らせた事例

〈概要〉インカムを通じ粗暴な指示や叱責を日常とする班長が、原告の勤務振りに不快感を生じ、多彩な理由で多様な侮辱的言動に及び、うつ病の発症後、5年半経過しても治癒に至らない事例。

〈平成31.01.31　大阪高裁判決　M興産パワハラ侮辱事件〉

1　班長の侮辱的な言動の一部は、次のとおりです。
　1）平成24年6月半ば、太郎をアルバイト等を指導する役割から外しました。
　2）同年9月5日、営業終了後に新台の入れ替えが翌6日の午前3時頃まで行われた。このとき、新台のスピーカー線が破損していたことから、班長は、心当たりのある者は名乗り出るよう伝え、「ビデオでチェックして犯人が分かったら、ただでは済まさないぞ」と怒鳴り、その後、帰宅しようとしていた太郎を呼び止め、「やっぱしお前やないか、何で嘘いうねん。ええ加減にしとけよ。他の者は帰ってええわ、お前だけ残れ、ビデオで確認したんじゃ。お前が犯人やろ」と大声で怒鳴り付け、否定する太郎に対し、「お前しかおらんのや。カメラに映ってる。お前を辞めさすために俺はやっとるんや。店もお前を必要としていないんじゃ」と言って、帰ろうとする太郎に立ち塞がり、「お前には責任をとってもらう。取りあえず始末書を書け」と太郎を事務所に連れ込み、始末書を書かせました。
　3）同年10月2日、班長は、太郎を叱責し、カウンター横に終業時まで約1時間立たせました。

2　判決は、被告会社の使用者責任を認定し、休業損害1773万5128円、慰謝料300万円を認定、素因減額を否定、受給済みの労災休業補償を充当し、残額を1016万9214円（休業損害716万9214円、慰謝料300万円）と算定、弁護士費用を100万円と認定しました。

11-27　仕事遅く覚えも悪く、失敗重ねる社員に、軽い暴行・高圧・侮辱的な叱責に

及んだ事例

〈概要〉営業・配達職から10年後に製造職に配置換えとなった給与の高い正社員が、仕事が遅く、覚えが悪く、失敗を重ね、会社代表者から軽い暴行、侮辱・威圧発言などの人格権侵害を受けた。

〈平成31.04.05　福岡地裁判決　Kフーズパワハラ侮辱事件〉

1　太郎は、46歳で給与の高い正社員として入社し、10年間は営業と配達業務に問題なく従事し、56歳で製造職に配置換えとなったところ、仕事が遅く、覚えが悪く、失敗を繰り返し、代表者から「肘で突く、背中を叩く」などの暴行を受け、訴訟を提起しました。
2　この事案の争点は、①賃金減額、②賞与の減額、③本題のパワハラ問題です。
　　①の賃金減額は、正社員入社時の高い給与と製造職が見合わなくなったことから取られた措置であるが、一方的であり減額は無効とされ、②の賞与の減額には慰謝料20万円の支払い、③パワハラ行為については慰謝料50万円の支払いが命じられました。
3　判決には、約10か月間に太郎が受けたそれぞれの日ごとのパワハラ行為の具体的な態様が示され、それらのパワハラについて、裁判所は、暴行及び侮辱行為として民法第709条の不法行為に該当すると認定し、代表者の指示によって、太郎のトイレ休憩以外の休憩取得を妨害した従業員の行為についても同様に民法第709条の不法行為と認定し、その事実に基づいて被告会社の使用者責任を認定しました。

11-28　注意すべき事柄を超え、業務全般を非難し、全体的に能力が低いと人格否定した事例

〈概要〉国立大学病院のD科の副部長は、医事課に勤務する春子に対し、始めの頃は仕事のやり方を嫌みな言葉で叱責し、続いて「頭を使え」としきりに嫌みな叱責を繰り返していました。

〈平成31.03.28　宇都宮地裁栃木支部判決　国立学校法人T大学侮辱言動〉

1　次のパワハラ言動は約4か月間における多数の言動の一部です。
　　平成25年4月30日頃の「あんたらがやっていることはどこかに書いてあるんですか、前々からあなた方二人のやり方は気に入らないと思っていた」、「あんたらが余計な事、勝手にやってんじゃないかってことが言いたいんですよ。何勝手にやってんの」との発言、同年9月24日頃の「あなたがたのやり方は気に入らない」、「お前らのやっていることは、我々教員に対して失礼だ」という発言は、当時、叱責の対象とされた個別の具体的な業務にとどまらず、春子の業務のやり方全般に対して強い非難を加えるものであって、人格非難に類する内容であったと言えるし、「あんたら」、「お前ら」という呼称、及び大声を上げるという発言の態様も病院事務室という職場環境に照らし、威圧的で不穏当なものであり、人格を否定する違法な言動と認められる。

2　これらの叱責は、個別の具体的な業務にとどまらず、業務全般において診療情報管理士としての能力などに強い非難を加えるものであって、人格非難に類する内容であり、約4か月間で合計8日間であって発言の回数及び頻度も多く、継続的、執拗に行われた違法な言動である。

12-01　組合活動を嫌悪、仕事外し・隔離・自宅研修命令は、業務命令権の濫用・無効とされた事例

〈**概　要**〉産休取得の態度、組合結成で中心的な活動を嫌悪して仕事外し、隔離、自宅研修の業務命令。判決は、業務命令の適法範囲を説示、学園の措置の違法性を認定し、第一審が認容した慰謝料を増額。

〈平成05.11.12　東京高裁判決　S学園パワハラ不当処遇控訴事件〉

1　花山教諭に対する被告学園の人事上の措置の概要は、次のとおりです。
①　昭和55年4月以降、授業や校務分掌など一切の仕事から外し、
②　昭和56年4月からは、職員室において隔離し、
③　昭和57年3月8日からは、第三職員室において隔離し、更に、
④　昭和61年8月からは、自宅研修を命じ、自宅にいることを余儀なくした。
2　業務命令権行使の要件及び不法行為に基づく慰謝料について
裁判所は、業務命令権の行使は、就業規則の定めに従って従い、かつ、不当な動機・目的によってはならず、かつ、通常甘受すべき程度を著しく超える不利益を与えるときは違法となるとして、上記1の行為は、「特別の事情がなく、通常甘受すべき程度を超える著しい精神的苦痛を与え、業務命令権の範囲を逸脱し違法である」として、被告学園に対し、慰謝料600万円の支払いを命じました。

12-02　Aは腰痛訴え不利益配転、Bは配転拒否し仕事外し隔離、Bのみ不法行為認定した事例

〈**概　要**〉杉埜社員（A）は、腰痛を訴え配転先の業務により精神的苦痛を受け、松埜社員（B）は、配転命令を拒否したため仕事を取り上げられ、席を隔離させられたとして、損害賠償を請求した事案。

〈平成06.11.04　神戸地裁判決　N社パワハラ不当処遇事件〉

1　甲野係長は、松埜社員に転勤の意向を打診したところ、松埜社員は回答を留保し、その後、乙野部長とともに数回にわたって転勤の承諾を求めたが、話合いは平行線をたどり、労組の委員長などの抗議もあって、会社側と松埜社員とは次第に感情的になっていった。
2　その後、甲野係長は、松埜社員に対し、「今日から、仕事は全て他の社員にやってもらう。松埜には僕が言ったことだけやって貰う」と言って、松埜社員に仕事を与えなくなり、他の男性課員に対し、「松埜には仕事を持って行くな」と言って、

仕事を取り上げ、他の課員が松埜社員に話しかけるのを阻止しました。

3　松埜社員が仕事の取り上げ及び嫌がらせの差止めの仮処分を請求すると、会社は業務命令書をもって、松埜社員に対し、明石出張所への転勤を命じました。

4　裁判所は、配転命令に係る事前の意向打診の適法な範囲、拒絶の意思表示に対する説得の適法な範囲を示し、仕事の取り上げを不法行為として認定し、慰謝料60万円の支払いを命じるとともに、本件配転命令は業務上の必要性があるとして有効と判決しました。なお、杉埜社員については、配転の直前に腰痛を申し出たのであって、腰痛を知りながら配転を命じたのでない上、配転の必要性が認められるとして不法行為は否定されました。

12-03　社員の特定思想の排斥目的で、監視・尾行・交際抑止・プライバシー侵害に及んだ事例

〈**概 要**〉電力会社が共産党員である従業員らを監視し、尾行し、同僚との交際を抑止し、プライバシーを侵害した行為につき、不法行為を認定した例。人格的利益の判示内容に参考性が高い事例。

〈平成07.09.05　最高裁第三小法廷判決　K電力パワハラ不当処遇上告事件〉

1　大阪高裁は、被告会社は、従業員4名が、現実には企業秩序を破壊し、混乱させるおそれがないにもかかわらず、彼らが共産党員又はその同調者であることのみを理由に、①職場内外で継続的に監視態勢をとった上、②極左分子であるとか、会社の経営方針に非協力的であるなどとその思想を非難し、③他の従業員との接触を禁止し、種々の方法を用いて職場で孤立させ、④2名に対しては、退社後尾行し、⑤1名に対しては、ロッカーを無断で開け、私物の「民青手帳」を写真に撮影したと事実認定しました。

2　最高裁第三小法廷は、上記各行為は、①職場における自由な人間関係を形成する自由を侵害し、②名誉を毀損し、③プライバシーを侵害し、その人格的利益を侵害する不法行為であると認定し、原告4人それぞれに80万円の慰謝料の支払いを命じました。

12-04　経営悪化に対応した新経営方針に非協力的な課長を、2度の降格で受付に配転した事例

〈**概 要**〉新経営方針へ非協力的な課長職の受付への降格は、人事裁量権の逸脱とし、慰謝料5000万円請求につき100万円を命じた事例。訴訟費用は認められなかった請求の割合に応じて、50分の49が原告負担とされました。

〈平成07.12.04　東京地裁判決　バンクAパワハラ不当処遇事件〉

1　銀行支店の課長職であった乙野太郎（「乙野」）は、新たな経営方針（「OVA（職務分析）及び提案褒賞制度」）に基づくレポートを提出しなかったため、第1次配

転により以前課長職として同格だった松埜課長の部下に配転となり、手形取立・送金・資金付替等の業務に従事していたが、かねて総務課への配転を希望していたことから、銀行は、乙野を総務課に配転し、以前20歳代の女性契約社員が担当していた受付を担当させました（第2次配転）。

2　乙野は、第2次配転は、嫌がらせであって中高年齢の職員を退職に追い込むための不法行為であると主張して、5000万円の慰謝料の支払いを請求しました。

3　裁判所は、新経営方針の推進は急務であり、これに非協力的な管理職を降格することには高度の必要性があったとして、第1次配転については銀行の裁量権を逸脱していないと判示し、第2次配転については、乙野の人格権（名誉）を侵害し、職場内外で孤立させ、勤労意欲を失わせ、やがては退職に追いやる意図が窺われることから、被告銀行の裁量権の範囲を逸脱した違法な行為であって、不法行為を構成するとして、慰謝料100万円の支払いを命じ、他方、訴訟費用は50分の49（98%）を原告乙野の負担と判決しました。

※　訴訟費用は、民事訴訟費用等に関する法律により計算されます。

12-05　確執か？　教授の助手に対する嫌がらせ的な指示や措置を違法行為と認定した事例

〈**概要**〉確執か？　不良な人間関係か？　助手の些細な状態に触発された医大教授の助手への嫌がらせ行為を認定し、損害賠償を認容し、安全配慮義務違反否定、慰謝料の一部に時効消滅を認定。

〈平成12.10.11　大阪地裁判決　N県立医大パワハラ不当処遇事件〉

1　裁判所が認定した教授の助手に対する行為

教授は、①助手の出張中に、研究室内の廃液の容器に、「責任を持って管理するように」と張り紙をして助手の部屋の前に移動し、②承諾を得ないまま、助手の私物を段ボール箱に入れて移動し、③講座研究費の配分を出勤に応じて配分すると決定し、④他大学の募集要綱を助手の机に置き、メモで応募を勧め、⑤兼業の申請書に押印をしませんでした。

2　教授の行為に対する裁判所の判断

裁判所は、上記①～⑤の各行為は、嫌がらせであって、いずれも違法行為といわざるを得ないとして、慰謝料50万円の支払いをN県に命じました。

なお、このN県の責任は、教授と県とは地方公務員法上の任用関係であり、雇用契約上の責任ではなく、国家賠償法第1条第1項の責任に基づくものであると判示しました。

12-06　組合委員長の排斥を企図し、接触禁止や不可能期限の翻訳命令に不法行為認定した事例

〈**概要**〉組合委員長として組合活動を主導した原告に対する仕事外し、結果として不必

要・無益な担当外の不慣れな短期間の翻訳業務の命令（不当処遇）は不法行為に当たると認定された事例。

〈平成 13.03.16　東京地裁判決　N老人福祉財団パワハラ不当処遇事件〉

1　この事案は、有料老人ホームを経営する厚生労働大臣許可の財団法人で起きた仕事外しを主体とするパワハラで、財団法人が行った嫌がらせ等の内容は次のとおりです。

2　認定された嫌がらせ等の事実
　①秋野課長は、B理事から各施設との打合せに春男を参加させないよう指示され、②春男とともに厚生労働省に出向いた後、B理事から春男の同伴を叱責され、③B理事から指示された仕事を春男とともに行ったこともB理事から叱責され、さらに個人的な付き合い等を禁止され、④春男は2度にわたって英文の翻訳を指示され、1回目は完成させたものの2回目は期限切れで完成させられず（その後施設は放置していた）、これらの行為について、春男は、労働組合の委員長であることへの嫌がらせと感じていました。

3　裁判所は、B理事の態度は春男の排除を企図したもので、特に2度目の翻訳は期間的に困難であり、未完成のまま放置されていたことから、その必要性を否定し、仕事外し、過重業務の命令は不法行為であるとして、春男が主導したユニオンの活動にも不適切な面があったことを考慮し、慰謝料15万円の支払いを命じました。

12-07　05の控訴審　第一審判決が認定した5項目の不法行為につき、1項目のみ認定した事例

〈概要〉N県立医大の助手が主張する教授による5項目の嫌がらせにつき、1項目のみに違法性を認定し、他の4項目に係る請求を棄却。地裁と高裁の判断が分かれた理由に参考性が高い事例。

〈平成 14.01.29　大阪高裁判決　N県立医大パワハラ不当処遇控訴事件〉

1　12-05の控訴審です。第一審で認定された5項目のパワハラについて、この控訴審では「兼業の承認申請への押印拒否」のみを嫌がらせの違法行為と認定したほか、「研究室の廃液容器の移動行為」は、「教授の教室管理権の一環としてなされたものであるが、この行為に嫌がらせ的な要素があったと見る余地がないではないが、仮にこの行為が違法行為に当たるとしても、時効により県の国家賠償法上の責任は消滅している」とし判断しました。
　言うならば、損害賠償論は別に、行為自体はパワハラ要素を含んでいるというのです。

2　違法と認定した「兼業承認申請への押印拒否」については、「リアルスケジュール」という新学期が始まる前に作成される行事予定表は、3月時点では未だ作成されていなかったのであるから、教授が、そのような書類の提出にこだわって押印を拒否することは合理性を欠くものであって、嫌がらせの要素があると判示しました。

12-08　虚偽の男女関係の噂を放置、過重業務付与後に仕事外し、同僚の嫌がらせ放置の事例

〈概要〉同僚による虚偽の男女関係の噂が放置され、過重な勤務を強いられ、その後仕事を与えられず、その間、同僚から繰り返し嫌がらせを受けた。放置した代表者の不法行為が認定された事例。

〈平成 14.07.09　東京地裁判決　Ｋ信販パワハラ不当処遇事件〉

1　問題とされた行為
　　①春子の仕事振りに同僚らが反発し、「春子とＺ男が男女関係にある」という噂を流し、これに社長・専務が改善対策を怠って放置し、②社長・専務は、春子から長時間労働の改善を求められながら、これを放置し続け、③内勤業務に配転させた後の２か月間は、仕事らしい仕事を与えず、④その間、同僚らは、春子に対し、ホワイトボードに「永久欠勤」と戯れ書きをし、春子の机を不合理な場所に移動しました。
2　裁判所は、「春子への嫌がらせは、入社直後から解雇直前までの長期間繰り返し行われ、代表者らは、当初からこの事実を知りながら敢えて特段の措置を執らず、一部は業務命令として行われたことから、代表者の指示ないし了解の下に行われたものというべきである」として、慰謝料 150 万円の支払いを被告会社に命じました。（一連の行為について、「春子を孤立化させ、自主退職を企図した嫌がらせ」と判断しました。）
3　春子はストレス障害に罹患して欠勤しましたが、ストレス障害と欠勤の間には相当因果関係があるとして、欠勤中の給与 327,600 円の支払いが併せて命じられました。

12-09　勝手な思い込みか？　パワハラ６項目を主張するも、個々に理由を示して否定した事例

〈概要〉休暇申請の拒否やテスト再受験の指示などの６項目についてパワハラを主張。判決は、その６項目の全てについてパワハラを否定し、懲戒解雇は有効とし、懲戒権の考え方を示した事例。

〈平成 14.12.10　東京地裁判決　Ｎ米軍センターパワハラ不当処遇事件〉

1　この事案は、懲戒解雇の無効申立の中で主張された６項目のパワハラ関連の部分です。次のようにパワハラが否定され、懲戒解雇は有効とされました。
2　①「休暇申請の拒否」については、業務の都合により他の時季に取るよう提案したのであって、恣意的に拒否したのではなくイジメに当たらない。②「上司の指示に従うよう」指導したのは、マネージャーの職務であって、非難される言動ではない、③「年間休暇予定表と異なる日の年休を認めなかった」のは、業務上の必要に基づくもので、イジメに該当しない。④「メニューテスト再受験の指示」は、メニューの知識は職務の範囲内であり、業務の必要に基づくものであって、イジメに該当し

ない。⑤「夏季休暇の妨害」については、休暇を取る前にメニューテストに合格すべきではないかと職務への自覚を促したもので、イジメではない。⑥「勤務時間の変更」は一時的な期間であって、部長が直接面談して説明しており、イジメや嫌がらせには該当しない。

※　思い込みによる主張に対して、その誤解を解く方法を研究できる事案です。

12-10　ヤミカルテルを内部告発、報復的隔離、一人部屋で雑用等に不法行為性を認定した事例

〈概 要〉運輸会社のヤミカルテル等を内部告発、告発の正当性を認定（参考性高い）、隔離し一人部屋で雑務担当、その他の不利益取扱いに対し、不法行為、債務不履行を認定した事例。

〈平成17.02.23　富山地裁判決　Ｔ運輸パワハラ不当処遇事件〉

1　内部告発の正当性

本件ヤミカルテル及び認可運賃を超える運賃の収受につき、これを違法ないし不当と考えたことには合理的な理由があり、当該事実を真実と信ずるに足りる合理的理由があったから、本件内部告発には公益性があり、会社に対する加害意思や私的利益を得る目的は認められない。

内部告発には、労働契約に要請される信頼関係維持の観点から、会社が被る不利益にも配慮する必要があり、本件問題の是正努力はやや不十分ではあるが、内部告発が不当とはいえない。

2　内部告発後の処遇

①長期間昇格させず、不当な異動を命じ、②研修所では、6畳の個室に机を配置し、一人勤務で補助的雑用を行わせ、③外出の機会を与えず、④研修のない日は一人で過ごさせた。

3　不法行為責任

昇格の不実施及び研修所への異動は、人事権の裁量範囲を逸脱した違法行為であり、不法行為に基づく損害賠償責任を負い、精神的損害（慰謝料）200万円、財産的損害（給与関係）1046万円余の支払い義務がある。

（本訴提起の3年前の不法行為及び債務不履行に基づく損害賠償請求権は時効により消滅した。）

12-11　勤務態度に問題のある医師の解雇を有効とし、5項目のパワハラの主張を否定した事例

〈概 要〉病院医師の解雇及び5項目のパワハラの主張に対し、医師の勤務状況等から解雇は有効、パワハラの主張に係る人事権の行使には明確な理由を示して不法行為性を否定した事案。

〈平成21.04.22　福井地裁判決　財団Ｆ病院パワハラ不当処遇否定事件〉

1　解雇事由の存否及び解雇権の濫用の有無

　　医師の①外来診療時刻の遅刻、②保険適用外のノロウイルス検査、③患者の年金書類の作成懈怠、④私物端末機の無許可ネット回線接続、⑤カルテの借用放置、⑥駐車場所の不変更等の行為は、それぞれ解雇事由に相当し、解雇権の濫用には当たらない。

2　病院による不法行為（パワハラ）・債務不履行の存否

　　①患者の担当数の減少措置は、著しい減少ではなく、合理的理由があり、②人事の序列逆転措置は、医師としての経験や勤務態度、勤務実績を勘案したもので、人事裁量権の逸脱はなく、③事務長による退職金の持参行為は、誤解に基づくもので直ちに謝罪し、④防犯カメラの設置は監視の目的ではなく、⑤事務長の発言は脅迫行為ではないから、医師が主張するいずれの行為も、病院によるパワーハラスメントとは認められない。

12-12　出向命令の無効判決を無視し出向継続、異常に低位な考課を人事権の濫用と認定した事例

〈概要〉出向命令を無効とする判決後も、出向を継続した行為は不法行為の重複であり、出向先での勤務振りからみて、異常に低位な人事考課は人事権の濫用として不法行為を構成する。

〈平成 21.10.08　大阪地裁判決　Ｎレストランパワハラ不当処遇事件〉

1　秋男のマネージャーＡ職からＢ職に降格後の配転等の経過

　　秋男は、全国に 380 の飲食店を経営する被告会社の関西本部に採用され、マネージャーＡ職に昇進後、Ｂ職に降格され、①平成 14 年 9 月 6 日配転命令を受け、地位保全の仮処分を申し立て、②同年 10 月 1 日以降大阪事務所での研修、③同年 11 月 19 日以降大阪デリバリーでの研修を命じられ、④同年 12 月 10 日付けで日本レストランデリバリーへの出向を命じられた。

2　訴訟の経過

　1）本訴（大阪地裁判決）に関連する前訴大阪高裁判決は、上記①の配転命令及び④の出向命令は人事権の濫用であり、不法行為に該当するとして慰謝料 100 万円の支払いを命じ、この判決は上告不受理によって平成 18 年 10 月 13 日に確定しました。

　2）本訴裁判所は、上記出向命令の無効判決後も③の大阪デリバリーで就労させ続け、秋男に絶望感を抱かせて強い精神的苦痛を与え、加えて、大阪デリバリーでの業務はマイナス 25 度の冷凍庫内の作業であって、本来の職種である調理師とは異なり、同僚に比して多数回の庫内作業に従事しているにもかかわらず、異常に低い評価を与えた人事考課については、人事権を甚だしく濫用した不法行為であると認定しました。

12-13　協調性や患者とのトラブル、独断治療方針理由の10年間の臨床外しが違法とされた事例

〈概要〉協調性の欠如、職員や患者とのトラブル、独断の治療方針など問題があるとして、約10年間、臨床診療を拒んだ措置が、教授の人事権の裁量を逸脱した違法行為とされた事案。

〈平成21.12.03　神戸地裁判決　H医科大学パワハラ不当処遇事件〉

1　甲山医師の臨床診療を10年間拒んだ事情
　①　丙川教授の赴任前から、根拠はともかく、協調性がないと評価されていたこと。
　②　被告大学に理由を告げないままI病院への派遣を拒絶したこと。
　③　派遣先の病院から、派遣を取りやめてほしい旨の申し出がなされたこと。
　④　多数の職員から、甲山医師とは一緒に臨床をしたくないとの嘆願書が出されたこと。
2　上記臨床診療の拒否に対する裁判所の判断
　　丙川教授の赴任前に甲山医師の臨床に問題点があったとしても、その後の時間の経過や、適切な指導・注意によって問題点が改善されることもあり得るのに、平成6年から平成16年8月まで、一切の臨床診療を担当させなかったことは、丙川教授への人事権の裁量を逸脱したものであって、違法といわざるを得ないとし、慰謝料100万円の支払いを命じました。

12-14　郵便局窓口職員の髭・長髪身だしなみ基準違反を否定、指導等の違法性を判示した事例

〈概要〉職務上の身だしなみに関し、長髪、髭の職場基準について、個人の自由と職務上の必要性の例を示し、身だしなみ基準の解釈の仕方を判示し、指導注意の違法性を判示した事例。

〈平成22.10.27　大阪高裁判決　Y社身だしなみ基準パワハラ不当処遇控訴事件〉

1　春男の長髪及び髭に対する上司らの対応
　①　春男に特定の業務のみを担当させ、
　②　身だしなみ基準に反する点を考慮した人事評価を行い、
　③　上司らは、春男に対し、髭を剃り、髪を切るように執拗に求めました。
2　裁判所の判断
　1）本件身だしなみ基準は、顧客に不快感を与えない整えられた長髪及び整えられた髭を禁止するものではないから、春男に係る人事評価は裁量権を逸脱し違法となる。
　2）上司らは、再三、春男が身だしなみ基準に違反しているとの前提で、長髪及び髭は一切認めないとして、髭を剃り、髪を切るよう繰り返し求めたのであって、一方、春男の髭及び長髪は公社が定めた身だしなみ基準等に違反するとはいえないから、上司らの指導は、義務のないことを行うよう繰り返し強制したものであっ

て違法というべきである。

3）上司らの執拗な行為により生じた精神的苦痛を慰謝するには 30 万円が相当である。

12-15　12-13 の控訴審　大学病院の教授が問題医師の臨床を 10 年間拒んだ違法性の認定事例

〈概要〉協調性、職員や患者とのトラブル、独断の治療方針など問題があるとして、約 10 年間、一切の臨床を拒んだ措置が、上司教授の人事権の裁量を逸脱した違法行為とされた事案。

〈平成 22.12.17　大阪高裁判決　H 医科大学不パワハラ当処遇事件〉

1　12-13 の控訴審です。結論は第一審判決を維持していますが、第一審が認定した慰謝料額を 100 万円から 200 万円に増額しました。判決の中心部分を簡潔に紹介します。

2　裁判所の判断は次のとおりです。

甲山医師の 15 年以上の勤務医ないし複数の病院における耳鼻咽喉科部長の経験に鑑み、資質に欠けると判断したのであれば、問題点を具体的に指摘して改善を促し、合理的な観察期間を経過しても、資質上の問題点の改善が認められない場合は、その旨を確認して解雇すべきところ、医師の生命ともいうべき臨床担当から外したまま雇用を継続したことは、およそ正常な雇用形態とはいえず、差別的な意図に基づく処遇であったと断定せざるを得ない。

したがって、前記甲山医師への差別的処遇に対し、被告大学及び丙川教授らは、甲山医師が受けた精神的苦痛について、不法行為に基づく損害賠償責任を免れることはできない。

12-16　外勤残業に係る上司の労働時間管理の指示を無視、虚偽の報告により普通解雇の事例

〈概要〉事業場外労働の労働時間把握のための上司の指示を拒否し、虚偽の報告により普通解雇された事案において、労働時間報告要求などの会社指示のハラスメント性を否定した事例。

〈平成 23.03.28　東京地裁判決　A 社パワハラ不当処遇否定事件〉

1　外勤営業に係る残業時間管理方法等の通知

1）太郎は、配転後の上司が発した残業申請に関する「所定のフォーマットを使用するように」という指示を無視していたため、上司は、再度、口頭及び電子メールで、「残業を行う際には、残業対象の業務内容、残業の必要性、残業予定時間を記載して、事前に東山部長に申請し、その承認を得てから実施すること、事前申請、承認のない残業、休日勤務、代休は、今後は認められない」ことを通知し

ました。

2）しかし、太郎は、上記上司の指示に従わないまま残業申請を行い、また、事前申請のない残業時間を報告し、残業を認めないのであれば、サービス残業の強要に当たるから、労働局や労働組合に独自の資料を提出すると反発しました。

2　会社の対応

上司は、太郎の労働時間の報告などは就業規則に違反するとして、注意書や警告書を発して指導しました。太郎は、上司の措置をパワハラとして内部通報を行い、通報担当職制の事情聴取を受け、臨時の経営会議の審議を経て普通解雇となりました（裁判所は有効と判示）。

※　自説に固執する社員に対する会社の適切な対応の事例として参考性が高い事例です。

12-17　内部通報窓口担当者が通報者を開示、1次〜3次の不当配転、侮辱的な学習強要の事例

〈概要〉内部通報者の開示により報復的な異動、嫌がらせ的な処遇、不当低位の人事考課、侮辱的な独習命令等々、報復人事権行使の陰に潜んだパワハラ、大企業管理者の資質が問われる事例。

〈平成23.08.31　東京高裁判決　O社パワハラ不当処遇事件〉

1　第1〜第3配転の不法行為性

第1〜第2配転命令は、上級管理者東山が人事権を濫用したものであり、第3配転命令もその影響下で行われたもので、梅川社員の昇格昇給の機会を失わせ、人事評価を貶しめる不利益を課するものであって、東山の行為は、不法行為法上の違法行為である。

2　パワハラと目される梅川社員に対する上司の行為

1）他社の社員等との接触禁止命令を発し、無気力感を抱かせる不当な処遇を課し、

2）梅川にのみ行った面談において「オマエ」呼びなど、随所で侮辱的な言動を加え、

3）第2次配転及び第3次配転では、「梅川さん教育計画」と題する書面を交付し、新入社員向けのテキストの独習とテストを受けさせ、侮辱的な嫌がらせを行ったものであり、不法行為法上の違法行為として、被告会社及び東山は損害賠償220万円を支払う義務がある。

12-18　1週間のリフレッシュ休暇承認後の同月中の年休請求に、抑制発言して撤回させた事例

〈概要〉6月24日〜30日までリフレッシュ休暇を認められた社員が、6月3日に同月6日の年休を請求すると、上司が「人事評価が悪くなる」し、会社に必要のない人間だと思われると年休の抑制発言。

〈平成24.04.06　大阪高裁判決　H研年休抑制事件〉

1　課長の年休抑止発言の要旨
　1）甲野社員は、5月下旬、6月24日〜30日まで連続リフレッシュ休暇を認められていたところ、更に、6月3日、課長に同月6日の授業のない日の年休を申し出ました。
　2）課長は、「月末にはリフレッシュ休暇を取る上、今月6日に年休を取るのは評価が下がるという」趣旨のメールを送り、翌日、会議室に呼び出して、「こんなに休んで仕事が回るのなら、会社にとって必要のない人間じゃないの等々」述べ、さらに、「仕事が足りないなら、仕事をあげるから6日は出社して仕事をしてくれ」と言ったため、甲野社員は、6日の年休を取り下げて出勤しました。
　3）課長は、甲野社員に、課長自身の仕事を同月20日までに完成するよう指示しました。
2　裁判所の判断
　　年休は、「始期と終期を指定して請求したとき」は、使用者が時季変更権の行使をしない限り年休が成立するとして、上記課長発言は、「有給休暇の権利を侵害する違法行為」であり、加えて課長の仕事の肩代わりの指示も違法であると判示し、課長に対し60万円、総務部長及び代表者に対し、別件で各20万円、計100万円の慰謝料支払いを命じました。

12-19　4人の幼児を養育する看護師へ、上司の休暇取得を抑制する発言の違法性を示した事例

〈概要〉看護師1年目の休暇・欠勤などの評価が2年目の上司に引き継がれ、その悪印象で休暇抑制発言か？　インフルエンザや急な発熱時の休暇抑制発言により雇用不安を募らせた違法行為事例。
　　　　　　　〈平成27.02.25　福岡地裁小倉支部判決　K共済病院パワハラ不当処遇事件〉

1　2年目の上司の年休抑制、その他の発言
　　　①4歳の娘のインフルエンザや、②2歳の娘の急な発熱により早退を申し出ると、それぞれに年休を抑制する発言をし、③面談では雇用継続を不安にさせる言動をし、④春子らが関与した重大な過誤では、特に激しく叱責されて適応障害を発症し、病気休業に至りました。
2　上記に係る判決の要点
　①　インフルエンザでの早退申出に係る年休抑止発言は、医療従事者として不適切であり、
　②　急な発熱での早退申出に係る年休抑止発言、勤務の評価に関わる発言は、併せて違法で、
　③　面談での注意は、その職務としては相応であるが、続く上司の権限をチラつかせて雇用不安を煽るような発言は、過度に不安を与える違法行為であり、
　④　ナースステーションに他の看護師がいる中での重大過誤に係る激しい叱責と、春子のみに命じた反省文の作成は公平性を失し不法行為に該当し、慰謝料は30

万円が相当である。

12-20　契約社員が申し出た正社員の問題ある仕事振りの改善指導を怠り、退職に至らせた事例

〈概要〉上司は、会社の職場環境保持義務を履行するため、部下を指揮監督すべき権限を与えられながら、問題社員に対し、その権限を行使せず、会社の不法行為責任を招いたとされた事案。

〈平成27.03.27　東京地裁判決　ＡＪ社パワハラ不当処遇事件〉

1　契約社員春子の問題提起とその後の経過
　1）春子は、正社員の夏男の仕事振りを東山部長に報告して改善を求め、技術部員にメールで夏男の顧客対応の問題を指摘したところ、夏男は、そのメールはパワハラであって、花子が自分の仕事を奪っていると東山部長に訴え、人事部が事情聴取を行いました。
　2）その後、東山部長は、春子に対し、パワハラはなかったとして、夏男の指導を指示したため、春子は夏男とは一緒に仕事ができないことをメールで訴えましたが、東山部長は「理解した」と言うだけで、夏男の仕事振りは改善されず、仕事の負担は契約社員の春子7に対し、正社員の夏男3の状態であり、春子は、その改善を代表者にも訴えましたが代表者からの返事はなく、東山部長に「誰もフォローしないで責任ばかり持たせるのは無責任である」と述べて退職しました。
2　裁判所は、東山部長には、従業員の心身の健康を保持すべき会社の注意義務について、会社の注意義務を代行して果たすべき責任があるとし、会社と東山部長には注意義務の不履行があると認定し、民法第415条（債務不履行）に基づき、春子の精神的損害に対し、慰謝料50万円の支払いを命じました。

12-21　老いらくの恋？　64歳上司が39歳の女性職員を食事に誘い、一転、嫌がらせに転じた事例

〈概要〉当初、関心を持って食事に誘い、時にプレゼントをするも、女性職員が距離を置くと嫌がらせに転じた。女性職員は注意を受け、妊娠報告に嫌みを言われ、過重な業務を命じられた例。

〈平成27.04.17　札幌地裁判決　医療法人Ｋパワハラ不当処遇事件〉

1　理事の丙川（64歳）は、職員の花子（39歳）を約8か月間に24回にわたって食事に誘い（時には腹心の看護師長の松子ともに）、高価なプレゼントをしていたところ、花子は次第の丙川の電話や食事の誘いなどに負担を感じ、距離を置く態度を示し始めました。
2　そうすると、丙川理事も花子から離れ、松子も部長代理となって花子に冷たい態度をとるようになり、両者は花子に嫌がらせと感じさせる次のような行動に出まし

た。

① 丙川理事は、花子の面会の申出に対し、「アポを取ってから来るように」と言い、
② 丙川理事は、クリスマス飾り付けで注意し、松子は花子の残業は 20 時間までと制限し、
③ 研修生の実習で松子に注意をし、研修生の病気を報告しても真摯に対応せず、
④ 異動後は、従来複数で担当していたサクション瓶の洗浄や入浴介助などを一人でさせ、
⑤ 花子が妊娠を報告すると、二人からは祝福の言葉がなく、松子は、「想像妊娠ではないか」と言うなど、両者は花子に対し、イジメや嫌がらせと感じさせる行動を取った。

3 二人の言動中、サクション瓶の洗浄とお盆以降の行為は、花子の人格的利益を侵害する違法な行為であり、病院には職場環境配慮義務違反があるとして 70 万円の支払いを命じました。

※ サクション瓶：痰などを吸引保畜する医療用の器具（瓶）

12-22　労基法違反の違約金要求、時間外・退社後就業の事実上の強要等の不法行為認定の事例

〈概 要〉勤務日数・遅刻・欠勤・退職手続・12箇月以上の勤務強要など、労基法第 16 条の「賠償予定の禁止」違反の契約条項に基づく履行の強要、時間外の指示に不法行為が認定された事例。

〈平成 27.11.27　横浜地裁相模原支部判決　鍼灸院パワハラ不当処遇事件〉

1 鍼灸院の経営者は、雇用契約書に付属する違約金条項において、例えば、「月 22 日以上勤務出来ない場合は、1 日につき 4000 円を支払う」などという 11 項目の定めを設け、実際にこれを適用しており、花子に対する雇用契約においても、
① 長時間労働を違約金の威嚇の下に強要し、有給休暇の付与義務を潜脱し、違約金と給与との相殺を予定し、
② 花子にブログの作成・更新やメーリングソフトへの反省文の投稿について、勤務時間外に行わざるを得ないこと、その勤務時間外の業務については賃金支払いの対象としないことを認識しながら、敢えて、これらの業務を指示していたものである。
2 上記①の契約条項や②の行為は、花子の正当な権利を侵害するものとして、不法行為を構成するものであり、これらによって花子が被った損害を慰謝するためには、不法行為の内容、程度その他本件から窺われる全ての事情を総合考慮して 50 万円が相当である。

※ 時間外労働に係る未払賃金については、別途和解が成立し、訴訟が取下げられました。

12-23　妊娠を報告し、業務軽減を求めるも長期間放置し、妊娠に係る不当な発言に及んだ事例

〈**概 要**〉8月に妊娠を報告、業務の軽減措置を求めるも、できる業務とできない業務の仕分けが停滞し、12月に至るまで具体的な措置なく、所長の不法行為責任、会社の使用者責任が認定された事例。

〈平成 28.04.19　福岡地裁小倉支部判決　ＴＫパワハラ不当処遇事件〉

1　花子は、8月1日、営業所長に妊娠を報告し、業務の軽減を求めたところ、所長は即時に上司に報告し、上司から出来る業務とできない業務との仕分けを指示されました。

2　所長は、上記の上司の指示を暫く放置し、9月13日になって花子と面談し、花子の仕事に対する態度や妊娠と仕事の関係などについて長々と話をした後、出来る業務について、再度医師に確認するよう指示をしました。この長話の背景には、花子の仕事振りや言葉遣いなどに不満や苛立ちがあったようです。

3　裁判所は、長話の目的自体は、指導の趣旨であり違法ではないとしつつ、長話の中の

①　妊娠を理由に業務軽減の申出は許されない、

②　流産しても構わないという覚悟で働くべき、

という発言については、妊娠している女性社員の人格権を侵害する不法行為であるとして、所長の不法行為及び会社の使用者責任に基づく慰謝料35万円の支払いを命じました。

12-24　22年在任の代表者が交替、新任代表者が前体制の払拭を意図、降格等々に及んだ事例

〈**概 要**〉22年間就任し続けた前任代表者の交際費に係る税務の修正申告を契機に、後任代表者が旧体制の改革を意図してか？　専横的な懲戒降格、賞与減額、退職強要等に転じた事案。

〈平成 29.10.18　長野地裁松本支部判決　ＮＨ社パワハラ不当処遇事件〉

1　この事案は、関係会社の代表者から同じ系列の関係会社の代表者に就任した乙山が、22年間在任した前任代表者当時の4名の女性社員に対し、懲戒降格、賞与減額、退職強要を行ったもので、退職強要に伴う退職金の算定を含む4つの項目が裁判所の判断の対象です。

2　春子に対する不適切経理を理由とする懲戒降格については、①懲戒事由の該当性がなく、②手続面でも賞罰委員会の運営に関して著しく公正を欠いて無効であるとされ、

3　春子及び夏子の賞与の減額については、それぞれ減額事由に関する責任がないとされ、

4　春子は、前代表者の交際費支出等に係る執拗な追及などにより勤務の継続が困難

と判断し、夏子も同様の示唆を受け、秋子と冬子も同様の処遇を考えて、それぞれ退職願の提出に至ったことから、裁判所は、いずれも退職を強要されたものと判断し、退職金の算定は、経過を踏まえて自己都合ではなく、会社都合退職と認定しました。

6　乙山には不法行為が成立し、被告会社は会社法第350条の責任があるとして、春子に100万円、夏子に70万円、秋子及び冬子にはそれぞれ40万円の慰謝料及びそれぞれ慰謝料額の1割相当額の弁護士費用の支払いが命じられました。

12-25　生徒の家の飼い犬に咬まれた教諭の賠償発言が批判され、校長が教諭を謝罪させた事例

〈**概要**〉生徒の家の飼い犬に咬まれた教諭が相手の謝罪の場で賠償との言葉を発言、加害者は謝罪を要求。校長が教諭を謝罪させ、教諭はうつ病発症。その他の4項目のパワハラが認定された例。

〈平成30.11.13　甲府地裁判決　K市立小学校校長パワハラ不当処遇事件〉

1　事案の概要

　　公立小学校の教諭が生徒の家の飼い犬に咬まれて咬傷を負い、生徒の両親の謝罪の席で教諭から治療費の賠償という言葉が出たため、校長が教諭に謝罪をさせ、教諭はうつ病を発病し、公務災害の認定を巡る中での校長の発言を含めてパワハラが争われた事案です。

2　パワハラの不法行為の成否

　　厚労省の「職場のイジメ・嫌がらせに関する円卓会議報告」のパワハラの定義に該当する行為があっても、それが直ちに不法行為に該当するものではないと解され、それが如何なる場合に不法行為としての違法性を帯びるかについては、次のように解される。

　①　当該行為が業務上の指導等として、社会通念上許される範囲を超えていたか、又は、

　②　相手方の人格の尊厳を否定するかどうか等を判断するのが相当である。

3　校長によるパワハラ行為及び慰謝料

　　①生徒の父母の謝罪の場で校長が教諭に謝罪させた行為、②うつ病に罹患し傷病休暇中の教諭に接触し、主治医に接触して病状を聞き出そうとした行為、③教諭の公務災害認定請求に協力しなかった行為、④基金に提出した報告書に示談が成立したと記載した行為については、それぞれ不法行為に該当し、その慰謝料は100万円とするのが相当である。

13-01　仕事が遅く失敗を繰り返す社員に、暴言等を浴びせ、殴り・蹴り、塗料を掛けた事例

〈**概要**〉仕事が遅く、失敗を繰り返すなどにより社長は侮辱的な発言に及び、暴力性向

のある先輩が自主退職をさせようとして、暴言を浴びせ、殴る蹴る塗料を掛けるなど暴行に及んだ事例。

〈平成16.07.30　名古屋地裁判決　N塗装会社パワハラ暴行等事件〉

1　春男は、社長から朝礼で「仕事が遅い人が来ました。昨日は早く終わったのに」と全員の前で言われ、その後も、「お前は馬鹿か、馬鹿は馬鹿なりに仕事をしろ」などと暴言を浴びせられ、その後、先輩の岩野から、「仕事が遅い」、「間違えの繰り返し」、「要領の悪さ」、「気にいらない仕事振り」、「態度の悪さ」を理由に、また「理由もなく」、「顔面の殴打、足蹴り、突き倒し、塗料を掛け、唾を吐きかけ、会社を辞めろ」等々の暴言、暴行を受けていました。

2　裁判所は、妻が春男から聞き取った暴行などの記録は、診断書や次男が撮影した写真とも妻の記録に符合し、暴行に係る春男の陳述内容には臨場感があり、これらには信用性があると認定し、慰謝料として100万円、時間外手当の未払26万円余などの支払いを命じました。

13-02　派遣社員を勤務態度不良で暴行・傷害に及び、逮捕拘留・罰金30万円が科せられた事例

〈**概要**〉派遣社員の研修時の態度、仕事の失策、虚偽報告、無断欠勤などを理由に派遣元や派遣先の担当者が暴行し、逮捕拘留・罰金30万円。代表者と行為者とに共同不法行為責任を認定した事例。

〈平成17.10.04　東京地裁判決　Yカメラ派遣社員パワハラ暴行事件〉

1　派遣社員松男に対する派遣元・派遣先社員の暴力行為は次のとおりです。

　1）第1暴行　派遣元社員の杉野は、新規採用研修時に、接客時の笑顔が足りなかったことから、怒号を発し、丸めたポスターで松男の頭を30回ほど殴るなどした。

　2）第2暴行　派遣先社員の甲野は、松男が商品取扱いに不手際をして謝罪したところ、激高して、松男の大腿部の外側を3回ほど蹴った。

　3）第3暴行　派遣先社員の丁野は、松男が派遣先の錦糸町店に遅刻した際の「時間どおりに出勤した」との虚偽の電話が発覚し、多数回、殴り、蹴り、拳や肘で叩くなどをした。派遣会社の代表者の丙野は、これを見ていながら丁野の暴行を制止しなかった。

　4）第4暴行　松男が、指示に反して錦糸町店に出勤しなかったため、丁野は松男の自宅で松男の母親の面前で、激高して頭や顔を殴り、頭部に傷害を与え肋骨を骨折させた。

　松男は、退職して丁野を告訴し、丁野は逮捕・拘留され、罰金30万円に処せられた。

2　裁判所は、派遣元・派遣先会社及び加害者に対し、合計5,647,708円の損害賠償を命じました。丙野は、丁野の暴行の現場にいたにもかかわらず、丁野の暴行を止めなかったことから、共同不法行為責任を負うとされました。

13-03　日頃の不満が蓄積し、怠惰な作業態度に怒りが爆発、思わず金属棒で脚部を殴った事例

〈**概　要**〉怠惰な仕事振りに日常的に不満が募り、次第に怒り・憤りが増幅し、粗雑な作業態度が直接の機序となり、感情を抑制できなくなって、思わず手にしていた金属棒で脚部を殴打した事例。

〈平成 22.02.26　東京地裁判決　Ｔ建設外国人パワハラ暴行事件〉

1　外国籍のＹは、代表者の期待に反して、クラッチ付のトラックの運転が出来ず、出勤が遅いのに定時になると仕事を放り出して帰ってしまい、仕事についても、一々指図しないと何もしない状態でした。

2　代表者は、次第に、不満が失望、憤りに変化していく中で、Ｙを地中電線の撤去工事に従事させていたところ、Ｙは、使っていた土木工事用の「ツルハシ」を放り投げ、これを目撃した代表者が、怒りを抑え切れなくなり、思わず、金属の棒を握ってＹに近づき、「この野郎」と怒鳴り付け、右手を振り回して力を溜め、Ｙの右脚部を殴打しました。

3　裁判所は、代表者の暴行によりＹに生じた損害について、代表者に民法第 709 条の不法行為責任を認定し、さらに、会社法第 350 条の会社代表者の職務行為により第三者であるＹに生じた損害の賠償責任を認定し、被告会社は、これらと連帯して、Ｙに生じた損害合計 31 万 1976 円（うち傷害慰謝料 22 万円）の支払いを命じました。

13-04　仕事ミスに暴行等「甲野次郎よ、お前だけは絶対に呪い殺してヤル」悲痛な遺書の事例

〈**概　要**〉先任自衛官が主的に存在し、上官も遠慮する中、新任の仕事ミスや自らの不機嫌な折に暴力性向が発現、殴る、蹴る、エアガンで狙い撃ち、ＡＶ高価売付け等で自殺に至らせた。その遺書には、「お前だけは絶対に許さねえからな。必ず呪い殺してヤル。悪徳商法みてーなことやって楽しいのか？　そんな汚れた金なんてただの紙クズだ。そんなのを手にして笑っているお前は紙クズ以下だ」と悲痛な叫び。上官の監督怠慢を認定し、加害者・国の損害賠償責任を認定した事例。

〈平成 23.01.26　横浜地裁判決　海自護衛艦たちかぜパワハラ暴行事件〉

1　先任自衛官（甲野）は二等海曹であり、後輩に対して指導的立場にあった上、7 年以上の乗艦勤務で、階級の上下とは別に、いわゆる「主的な存在」となっていました。

　このため、上級者でも甲野の行動に口を挟みにくい雰囲気ができ、甲野は、後輩隊員がミスをした場合や、単に機嫌が悪いときなど、松男などの下級者を平手や拳で顔面や頭部を殴り、足蹴にするなど、暴力・粗暴な振る舞いに出ることが多く、松男は少なくとも 10 回以上殴られ、足蹴にされ、規則に反して持ち込んだ私物のエアガンで狙い撃ちにされていました。

　　また、甲野は、松男に、アダルトビデオ合計100本を8万円から9万円で売り
つけ、ビデオ業者の登録を抹消するためと騙して5000円を巻き上げました。
　　松男は、京浜急行電車に飛び込み自殺をしました。遺書は上記〈概要〉のとおり
です。
2　裁判所が認定した法的な責任
　1）甲野については、民事的には不法行為、刑事的には暴行罪と恐喝罪が成立し、
　　国は、国家賠償法に基づく責任を免れないと判断されました。
　2）第2分隊長、先任海曹、班長は、いずれも指導監督責任を免れないと判断され、
　　国家賠償法による松男に対する慰謝料は、400万円と認定されました。

13-05　勤務態度不良、改善せず、上司は感情的になり、机や椅子を叩き蹴り、胸倉を掴んだ事例

〈概要〉不良な勤務状況が多く、これを改善しない部下に、感情に走った上司の暴行を
　パワハラの主題とする事案で、所持品検査の適法性要件や、損害に対する過失相殺など
　参考性が高い事例。

〈平成25.06.06　大阪地裁判決　ＫＳ社パワハラ暴行事件〉

1　太郎は、日常の勤務態度が不良であった上、社内テストでの不正行為、無断欠勤、
　顧客注文の放置、虚偽の報告、社長を騙った顧客への電話、架空売上金の計上、顧
　客クレームなど解雇事由にも匹敵する行為について、短期間に合計14回の始末書
　を提出させられました。
2　上司の乙山は、度々太郎を叱責し、時には机や椅子を叩いたり、蹴ったりし、太
　郎の胸倉を掴んだり、業務に関連して太郎の財布と通帳を定期的に検査していまし
　た。
3　裁判所は、乙山の行為については民法第709条の不法行為責任、被告会社につ
　いては民法第715条の使用者責任を認め、両者は不真正連帯債務の関係※に立つ
　として、太郎の慰謝料100万円の請求に対し、慰謝料20万円、弁護士費用2万
　円の支払いを命じました。
※　乙山と被告会社とは、同一内容の損害賠償責任（責任を生ずる原因）について、
　意思の連絡がない状態において、損害賠償義務をそれぞれが負担する関係をいいま
　す。

13-06　高価な素材に対する仕事ミスが多数回、暴言叱責、頭を叩き、蹴る・殴るなどの暴行をした事例

〈概要〉高価な素材に対する複数回の仕事ミスがパワハラの直接の誘因、暴力容認の性
　格傾向があり、粗雑な言葉で叱責、頭を叩き、時には殴り蹴る、多額の損害賠償をチラ
　つかせて退職を強要した事例。

〈平成26.01.15　名古屋地裁判決　ＭＫパワハラ暴言等事件〉

1　被害社員の仕事

　　冬男は、琺瑯引きの食器など琺瑯加工の前処理の脱脂、酸洗い、ニッケル処理等の作業を担当しており、高価な製品に仕立てることから、仕事ミスは多額の損失を発生させるため、代表者は神経を尖らせ、冬男の仕事ミスに対して、暴言・暴行を伴って叱責していました。

2　認定されたパワハラの態様

　　仕事のミスに対し、「テメエ、何やってるんだ、どうしてくれるんだ、バカヤロウ」などと、汚い言葉で大声で怒鳴り付け、認定された暴行は、「時々頭を叩かれるということのほかに、殴られたり蹴られたことが複数回あり、その回数、頻度、態様、程度等は明らかではない」というものですが、代表者は、冬男に対し、多額の損害賠償請求をチラつかせて威迫し、冬男は、退職願の作成を強要され、公衆トイレで縊首自殺をしました。

3　裁判所は、代表取締役の行為として会社法第350条により、被告会社に対し、妻に2707万0504円、子供二人に各自902万3501円の損害賠償を命じました。

13-07　仕事に不満生じ、殴る・蹴る、エアガン射撃、アダルト買い取らせ、自殺に追い込んだ事例

〈**概要**〉13歳の年齢差でおとなしい性格の被害者に対し、暴力常習的な性格傾向が発現し、平手で顔を叩き、拳で頭を殴り、蹴り、エアガンを発射し、アダルトビデオの高額買取を強要、自殺に追い込んだ事例。

〈平成26.04.23　東京高裁判決　海上自衛隊護衛艦たちかぜパワハラ暴行自殺事件〉

1　13-04の控訴審です。第一審の損害賠償400万円が総額7331万円余に変更されました。

　　加害者は当時34歳で階級は2等海曹、被害者は当時21歳で階級は1等海士、年齢も階級にも開きがありました（2等海士⇒1等海士⇒士長⇒3等海曹⇒2等海曹⇒1等海曹⇒海曹長⇒海准尉）。

2　加害者は、被害者の仕事振りに苛立ちを感じたときや、単に機嫌が悪いときなど、松男を平手や拳で顔や頭を殴り、足で蹴る等の暴行をし、その回数は少なくとも10回程度に及び、松男の反応を面白がって、エアガンのBB弾で狙い撃ちをしていました。

　　また、アダルトビデオの購入を持ちかけて強制的に承諾させ、購入代金を分割で8万円から9万円を提供（恐喝）させていました。

　　松男は、縊首自殺をし、加害者のパワハラ行為と自殺との因果関係が認定され、加害者は、暴行・恐喝により懲役2年6か月（執行猶予4年）の判決を受けました。

3　裁判所は、松男に生じた損害として慰謝料2000万円、逸失利益4381万円余を認定し、相続人に生じた損害として葬儀代150万円、固有の慰謝料100万円×2名、弁護士費用600万円を認定しました。

13-08　成績不良で日頃から叱責され、支店長送迎時刻に遅れ、殴る蹴る、職員面前で暴行の事例

〈概要〉ノルマ達成率など成績不良、仕事の不手際で上司の暴力親和の性格傾向が発現し、大声で叱責し、顔を殴り、腹を蹴り、その後も他の職員の面前でファイルで叩いて叱責に及んだ事例。

〈平成 27.01.13　甲府地裁判決　K農協パワハラ自殺事件〉

1　農協の営業職の職員が、成績が上がらず、日常的に支店長から叱責を受ける中で、支店長を車で送る時刻に遅れ、支店長から殴る蹴るの暴行を受け、その後も暴行やイジメ発言を受け、急性ストレス反応症を発症して縊首自殺。遺族両親が提起した損害賠償請求訴訟です。

2　支店長のパワハラ言動は、簡略、次のとおりです。
   ①　車での迎えに遅刻したことに立腹して「殴る蹴る」の暴行
   ②　仕事の優先順位が違うと叱責し、クリアファイルで「叩く」暴行
   ③　笑いながらの「自殺するなよ」という強烈な侮辱的イジメの声かけ行為
   ④　上記①の暴行後、「職員の精神状態に配慮せず、他の職員の面前で叱責し、クリアファイルで叩き、『給料を返してもらわなければならない』」と発言して屈辱を与えた。

3　裁判所は、上記行為について、「通常の業務上の指導の範囲を逸脱したものといえるから、違法性が認められる」と断罪し、慰謝料2000万円、逸失利益2477万円余、葬儀費用150万円を認定した上、3割の過失相殺ないし素因減額をし、3239万円余の支払いを命じました。

13-09　仕事を覚えられず、失敗を繰り返し、厳しい叱責・数回の殴打を加え自殺に至らせた事例

〈概要〉初経験の和食店で恒常的に長時間労働に従事し、ミスや失敗を繰り返し、店主から激しい叱責や継続的な暴行を受け、反射的にガソリンを被って焼身自殺を図り、死亡した事例。

〈平成 28.04.28　福岡地裁判決　和食A庵パワハラ暴行事件〉

1　一郎は、短大を卒業後、介護や電気工事会社に勤務した後、始めて和食店に勤務しました。一郎が自殺を図る以前6か月間の時間外労働時間は恒常的に月間100時間前後であり、仕事を覚えられず、失敗を繰り返し、店主の激しい叱責や継続的な暴行を受けていました。

　　当日、以前に注意されたことを繰り返して失敗をしたため、店主の激しい叱責を受け、その日の午後9時50分頃、自宅近くの田んぼでガソリンを被って焼身自殺を図りました。

2　店主の暴行について、両親らは、平成23年以降、唇を切ったり腫らしたり、顔に痣を作っている様子を頻繁に目撃していました。一郎が自殺をした後、店主は、

労基署の調査や両親に対し、数回殴打したことを認める発言をしました。

3　裁判所は、一郎の慰謝料2000万円、逸失利益2149万円余、両親固有の慰謝料100万円×2名、葬儀費用128万円、これらを労災補償と損益相殺をして、残額3959万円余、及び弁護士費用396万円の支払いを命じました。

13-10　仕事の過誤を繰り返し、叱責や暴行を受け店員が叱責の当夜に焼身自殺を図った事例

〈概要〉13-09の控訴審です。控訴審では第一審に比して、時間外労働時間を修正し、叱責や暴行をより詳細に認定し、自殺した従業員に係る過失相殺を新たに5割と認定した事例。

〈平成29.01.18　福岡高裁判決　和食A庵パワハラ暴行事件〉

1　13-09の第一審とほぼ同様の枠組みですが、
　1）時間外労働時間を幾分少なめに認定し、業務の内容などから、業務遂行それ自体の過重性を否定し、
　2）叱責及び暴行の態様等をより詳細に認定し、
　3）自殺行為に及ぶ心理的経過を詳しく推論し、
　4）第一審が認定した慰謝料を1800万円に減額し、逸失利益については労災保険給付基礎日額を1円増額して補正したほかは、第一審の算定方式を維持し、
　5）さらに、第一審で認められなかった過失相殺については、
　　①　繰り返し注意するも度重なる失敗への叱責にはやむを得ない側面もあるとし、
　　②　自殺に至る経過を詳説して、極めて短絡的な行為であると分析し、
　　③　自殺は予見し得たとしつつも、余りに短期間で通常では、想定し難いとして50パーセントの相殺を認定しました。

13-11　看守が巡回懈怠、虚偽の弁明、副看守長が立腹し胸倉掴んで激しく揺さぶり叱責の事例

〈概要〉刑務所看守が定時巡回をサボり、機械的記録によりすぐバレる嘘の弁明をし、上司が右手で制服の胸倉を掴み、捻るように体を引きつけて揺さぶり、激しい口調で厳しく叱責に及んだ事例。

〈平成29.08.02　広島地裁判決　H拘置所副看守長パワハラ暴行事件〉

1　この夜、X看守が巡回監視を担当した中棟は一棟3階建ての収容棟で、棟は東西に延び、各階の東・西端に巡回時刻を記録する押しボタンがあり、X看守は、各階の東西を歩行して巡回し、その都度、東西の押しボタンを押すのですが、当夜は、午後7時12分から1階の歩行巡回の後、2階の巡回を飛ばして3階を巡回し、2階の巡回をしないで1階に戻りました。

2　翌日、Y副看守長は、部下から、前夜、X看守が中棟2階の巡回を懈怠したとの報告を受け、待機室にX看守を呼び出し、昨夜の中棟2階の巡回の懈怠について、巡回記録表を見せながら問い詰めたところ、X看守は、巡回ボタンの押し忘れだと答えました。

　　Y副看守長は、X看守が嘘をついたことに立腹し、立ち上がってX看守の制服の胸倉辺りを右手で掴み、捻るようにしてX看守の体を引きつけて揺さぶり、激しい口調で、「どうなっとんか、こら」、「何か言えやぁ」などと言ったところ、X看守が「すみません」と謝ったため手を離しました。

3　裁判所は、Y副看守長の暴力的な詰問叱責は指導として行き過ぎであると指摘し、国家賠償法上の違法であるとしつつ、当該Y副看守長の行為はX看守の虚偽の弁明が原因であるとして、これを考慮し、慰謝料額を10万円と判決しました。

13-12　仕事ミスに日常的に暴言・粗暴性向のある指導職員が暴言叱責し、自殺に至らせた事例

〈概要〉上司や他の職員に対し日常的に暴言を吐く等の傾向がある職員から脇腹を殴られ、言葉の暴力によりうつ病の既往症を増悪させ、休職と勤務の継続とを決めかねて、衝動的に縊首自殺に及んだ事例。

〈平成29.10.26　東京高裁判決　S市環境局パワハラ暴行事件〉

1　登場する上司の具体的なパワハラ行為は、暴行及び暴言です。
2　自殺直前の言動：　休職と勤務の気持ちが交互に表れ、衝動的な自殺の決行が見えます。
　①　12月14日、所長に体調不調を相談、病院受診を指導され、受診し診断書を受ける。
　②　15日午前中、所長に診断書（90日の休職）を提出、休んで療養を指示され帰宅した。
　③　同日昼、一郎は、仕事を頑張ると述べたが、所長は休むよう説得して帰宅させた。
　④　16日早朝、一郎は、診断書の取下げと仕事の継続を希望し、所長は勤務継続を認めた。
　⑤　17日、一郎は、所長に電話で休むと述べ、後刻、所長からの電話に休まず頑張ると述べた。
　⑥　19日、一郎は、所長に診断書で休む方法を尋ねた後、やはり仕事を頑張ると述べた。
　⑦　20日、一郎は、仕事を始めたが、係長に休みたいと言い、すぐ取り消し、再度休みたいと言ったが、それも改め仕事を頑張ると言った。所長は、今日は時間休暇をとり明日も休むよう指示した。
　⑧　21日、一郎は出勤し、所長は両親と話をし、主治医と面談した結果、病気休暇で休むこととなり、同日午後7時、所長が父親に診断書の日付けの訂正を説明していたとき、それを聴いていた一郎は、「もう嫌だ」と叫んで2階に駆け上がり、

ベルトで首を吊って自殺した。

3 裁判所は、市には安全配慮義務違反が認められるとして、慰謝料 2000 万円、逸失利益 3799 万円余を認定し、過失相殺の規定の類推適用により 7 割を過失相殺しました。

13-13 前夜の作業完了の虚偽のメール、日常の仕事振りに怒り増幅、暴行を伴った叱責の事例

〈概要〉前夜に指示した業務を終了したとの偽の報告や不誠実な仕事振りに、不満と怒りが増幅し暴行を誘発。両腕を掴んで体を前後に揺さぶり、壁に押し付け、頭を壁にぶっ付けて叱責に及ぶ。

〈平成 30.07.30 東京地裁判決 Kメンテパワハラ暴行事件〉

1 上司は、夏男に恫喝口調で、「仕事をちゃんとやっているのか」と何度も詰問し、反論しない夏男を壁に押し付け、「しっかりやれよ、分かったか」などと繰り返し夏男に迫り、夏男の体を揺さぶるなどの暴行を加え、夏男は逃れようとして、壁に頭をぶっつけました。

2 裁判所は、上司の行為は民法第 709 条の不法行為であり、被告会社は民法第 715 条の使用者責任を負うべきであるとして、夏男が受けた精神的苦痛を慰謝するのに必要な慰謝料として 20 万円の支払いを命じました。

夏男が主張する適応障害については、上司の不法行為との相当因果関係が認められないとしましたが、上記1の暴力行為は、上司の故意に基づく行為であると認定し、過失相殺を否定しました。

13-14 長距離配送の帰途に温泉に立ち寄り、帰社が遅れ、丸刈り、半裸で花火を放射された事例

〈概要〉長距離配送の帰途、温泉に立ち寄ったため帰社時刻が遅れ、立腹した代表者から丸刈りにされ、先輩から高圧放水や半裸で花火を発射され、長時間の土下座等によりイジメられ続けた事例。

〈平成 30.09.14 福岡地裁判決 O産業パワハラ暴行事件〉

1 争点は、次のとおりです。①〜④は、会社のパワハラ行為、❺と❻は会社の反訴です。
① 北山を丸刈りにし、洗車用の放水を浴びせ、ブラシで体を洗わせた行為
② 研修旅行で北山に花火を放射し、川に逃げた北山に投石した行為
③ 復職を求める北山に、社屋の入口で数時間土下座を続けさせた行為
④ ブログに、北山の写真等を掲載し、侮辱する記事を掲載した行為
❺ 北山の平成 25 年 9 月 28 日の失踪（職務放棄）に伴う会社の損害賠償請求
❻ 北山の平成 26 年 3 月 7 日の失踪（無断欠勤）に伴う会社の損害賠償請求

2　裁判所は、①〜④の行為について、民法第709条の不法行為及び会社法第350条の責任を認定し、連帯して慰謝料100万円の支払いを命じました。

3　争点❺及び❻については、いずれも会社に生じた損害の賠償責任※を認定しました。

14-01　期待の能力を発揮できず、厳しい上司が会議参加者の面前で侮辱的叱責を重ねた事例

〈概　要〉長期の出張先で、長時間労働や業務の困難に改善を求めるも改善されず、上司の「使い物にならない人は要らない」など人格否定的叱責、うつ病発症・休職に安全配慮義務違反認定の事例。

〈平成20.10.30　名古屋地裁判決　D社長期出張先パワハラ叱責事件〉

1　太郎は、出張先での会議の席上、C主査から、参加者全員の前で、「太郎さん、もう（出張元の）会社へ帰っていいよ。使い物にならない人はうちはいらないから」と言われて衝撃を受け、帰りの車中や帰宅後も涙が止まらず、翌日から2日会社を休み、その後出勤して上司に「会社へ帰らせてほしい」と述べたが、最大3か月待つように言われました。

2　裁判所は、業務上の過重負荷がうつ病発症に相当程度寄与し、太郎の性格が協働原因となって、うつ病を招来したものと認め、業務とうつ病発症には相当因果関係があると判断し、

　　1)　出張先会社は、太郎が「現在の負荷では、私一人では対応できない」と訴えたことにより業務の軽減、その他何らかの援助を与えるべき義務が生じたにもかかわらず、少なくとも、うつ病の発症までこれを怠っていたことにより安全配慮義務違反が認められ、

　　2)　出張元会社も、上記により業務の軽減、その他何らかの援助を与えるべき義務が生じたにもかかわらずうつ病の発症までこれを怠り、遅くとも平成12年3月には帰社させるべきであったのに、かえって長期間の出張を延長したのであるから、安全配慮義務違反が認められるとして、両社に連帯して慰謝料150万円、休業損害45万円余を認定し、素因減額3割を考慮し、136万円余及び弁護士費用14万円の支払いを命じました。

14-02　課長の勤務振りに部長が頻繁・執拗・長時間起立させて叱責し、脳梗塞に至らせた事例

〈概　要〉部長が課長に対して長時間起立させたまま、執拗な叱責を繰り返し、課長の既往症の心臓疾患を増悪させ、右半身麻痺・失語症障害を発症し残存。業務上認定、課長の日記でパワハラ認定。

〈平成20.11.12　東京高裁判決　TY梱包社労災認定・パワハラ不条理叱責事件〉

1　この事案は、業務中に出血性脳梗塞を発症し、労災補償を請求した課長職に対する業務外決定に対し、その取消を求める行政訴訟で、結論としては業務起因性が認められました。ここでは、訴訟の中で明らかになった上司部長のパワハラ言動を次に紹介します。

2　部長の課長に対する異様な叱責

　　平成5年6月、太郎の上司がC管理部長からY部長に替わった後、Y部長は、太郎の執務ぶりを咎めて、頻繁・執拗に叱責しており、平成6年1月以降の太郎の日記の記載だけでも、1月5日、7日、14日、2月7日、23日、3月10日、15日、4月11日、23日と9回もありました。

　　そして、その叱責は、例えば、2月7日は午後6時30分から8時30分までの2時間、3月10日は午後7時から9時までの2時間、同月15日は午後7時から9時までの2時間、いずれも、所定終業時刻の後に、太郎を起立させたまま執拗に叱責し、太郎が帰宅したいと述べても聞きいれず、夜間に及ぶまで叱責を続けたという異様なものでした。

14-03　係長に昇進し、業務増大して滞留、課長は滞留処理に断続3時間叱責、自殺に至った事例

〈 概 要 〉係長昇進、処理仕切れない仕事の量、部下との人間関係、新人指導の悩みを訴える中、異物混入事故処理の翌日、滞留した日常業務につき、課長の長時間・厳しい叱責、翌朝自殺に至った。

〈平成 21.02.02　釧路地裁帯広支部判決　O町農協パワハラうつ病自殺事件〉

1　松男は、長時間労働で疲労が蓄積し、係長に昇格後、うつ病が発症したところ、課長の厳しい指示・叱責が長時間行われ、うつ病が極度に悪化し、その翌朝縊首自殺をしました。

2　課長は、松男が抱え込んでいる仕事の大半が松男が処理すべき仕事ではないと判断し、仕事を溜めないように、担当者に仕事をちゃんと渡すように、引き継ぐべき仕事は早く引き継ぐように、と厳しい口調で叱責しました。

　　課長の叱責は、一時的に中断しながらも断続的に約3時間に及びました。課長は、同日（5月14日）午後4時頃、退勤する際にも、松男に対し、「こんなことも出来ない部下はいらんからな。」などと厳しい口調で叱責した。

　　松男は、翌14日、早朝に出勤し、遺書的なメモを残して縊首自殺をしました。

3　裁判所は、被告農協の安全配慮義務違反を認定し、松男の死亡慰謝料3000万円、逸失利益7257万円余、葬儀費用150万円を認定し、原告の妻と長女に各5203万8747円を算定した上、松子については受給した労災保険の給付（1009万6871円）を損益相殺（減額）し、弁護士費用松子分450万円、長女分550万円を加えた額の支払いを命じました。

14-04　強烈な個性の部長が感情的に部下を叱責し、怒鳴り付け、高圧・攻撃的に叱責した事例

〈**概　要**〉未経験の児童課長着任後の複雑・多様・膨大な質量の業務、上司部長による部下への叱責に心理的負荷を増大させ、短期間にうつ病を発症して自殺。部長の叱責は生産性の阻害要因。遺書には「人望のないY部長、人格のないY、職員はやる気をなくす」と糾弾の書き置き。

〈平成 22.05.21　名古屋高裁判決　X市パワハラ公務外認定取消請求控訴事件〉

1　部長の職務姿勢、部下に対する叱責と職場の雰囲気

　部長は、常に市民のために高い水準の仕事を熱心に行うことをモットーとしており、自らも努力と研鑽を怠らず、仕事熱心で上司からは頼りにされ、部下にも高い水準の仕事を求めていたが、元来、話しぶりがブッキラボーで命令口調の上、声も大きく、朝礼の際などには、フロア全体に響き渡る程の怒鳴り声で、「馬鹿者」、「お前らは給料が多すぎる」などと、感情的に部下を叱りつけ、部下を指導する際にも、部下の個性や能力に配慮せず、人前で大声で感情的に、さらに部下の反論を許さない高圧的な叱り方をしばしばしていました。

　部長は、このように部下を指導しながらフォローすることがなかったため、部下は部長に叱られないように常に顔色を窺うなど、不快感とともに萎縮しながら仕事をする傾向が生まれ、部下の間では、部長の下では、仕事のやる気をなくすという不満がくすぶっており、このような不満は、健康福祉部の職員に広く存在していました。

2　自宅居間の鴨居で縊首自殺をした課長の遺書は涙なくして読めません。机の中から、「人望のないY部長、人格のないY、職員はやる気をなくす」と、糾弾の書き置きが見つかりました。

※　書き置きの「職員はやる気をなくす→→→生産性の阻害要因」がパワハラの本質です。

14-05　長時間労働で疲弊、担当行事に遅刻し、連日、同僚の面前での叱責でうつ病を発症した事例

〈**概　要**〉後期授業開始後、自宅残業など長時間労働で疲労が蓄積し、海外留学引率の直後、連日出勤で極度に疲弊、重要な担当行事で遅刻。当日・翌日に同僚教員の面前での厳しい叱責でうつ病発症。

〈平成 22.06.07　大阪地裁判決　X学園パワハラ叱責業務外取消事件〉

1　太郎の精神障害（うつ病）発症の経緯

　太郎は、学園の行事である海外留学後の3月16日、重要行事である「一日体験入学」の担当者であったにもかかわらず、、極度の疲労から、約3時間の遅刻をしてしまい、当日と翌日の2日間にわたり、X学園長から、他の教員の面前で厳しく叱責されました。

2　裁判所の業務起因性の判断
　　裁判所は、太郎は、過重な業務で疲労が蓄積していた中での海外留学後の連日の
残業で、心身の疲労が頂点に達していたため、担当している重要行事に遅刻し、当
日及び翌日に学園長から、同僚教員の面前で厳しく叱責され、その限界を超えて精
神障害を発症させるに至ったことが認められるとして、労基署長の労災補償請求に
対する業務外決定を取り消して、太郎のうつ病の発症について業務起因性を認定し
ました。

14-06　営業クレーム続発、注意指導するも黙り込み、幼稚な質問など侮辱的指導に至った事例

〈**概要**〉クレームが続発し、上司が電話対応を指導すると黙り込んでしまい、理由を尋
ねると黙秘権だと述べたため、マネージャーが間に入り4時間に及んで指導、翌日体調
不良、休職に至る。

〈平成 22.08.25　東京地裁判決　H通信パワハラ叱責事件〉

1　春子に対する注意指導の状況
　1)　春子の対応により顧客からのクレームが続発したため、上司の甲野は、業務終
　　了後、春子に対し、午後7時30分頃から、自席の隣りに春子を座らせ、個別の
　　注意指導を行いました。
　　　甲野は、電話対応の不適切さや、ワークタイムの長さを指摘し、言葉づかいや
　　電話対応を指導し、社員ごとのワークタイムのデータを示すなどして、短縮する
　　ように努力を促しました。
　2)　春子は30分程過ぎると甲野の問いかけに沈黙し、甲野は、「1分が60秒であ
　　ることを知っているか」とか、「小学校で何を教わってきたのか」などと尋ねて
　　約2時間が経過し、「何故黙っているのか」という甲野の問いに、黙秘権を行使
　　していると述べ、両者の会話が途切れました。
　3)　黙秘権という言葉にマネージャーの杉埜が間に入って話しかけると、それなり
　　に応答しながらも、謝罪や反省の言葉はなく、甲野の指導には納得できないと述
　　べたほかは、強く反発することもなく、甲野と杉埜による指導が終了したのは、
　　約4時間が経過した午後11時30分頃でした。
　4)　春子は、翌日の17日から肩の痛み、頭痛を訴え、その後、頚部痛も生じたため、
　　同月20日、A診療所で受診し、その後、翌月の7月1日から休職扱いとなりま
　　した。
2　裁判所は、業務起因性の判断に当たり、沈黙をつづけた春子の態度に問題があっ
　たと認定し、労働時間の強度も強いものではないとして、業務起因性を否定しまし
　た。

14-07　人間関係次第に悪化し、成績不良で叱責、事ある毎に説教し、叱責が長時間

に及んだ事例

〈**概 要**〉上司の厳しい叱責、厳しいノルマ設定、未達成時の叱責、ノルマ達成目的の長時間・休日出勤、配転への不満により心理的負荷増大、医師意見書はうつ病を簡潔説明し、参考性高い事例。

〈平成 22.10.26　長崎地裁判決　D社パワハラ叱責労災不支給取消請求事件〉

1　部長の叱責の言動

　　部長は、部品会議における太郎の説明に対し、「なっとらん」と述べ、自分で説明し直すなどして、両者は次第に行き違いを生じ、口論となることが多く、太郎は長時間の叱責を受け、その際には、「売上げや実績が上がらない、役に立たない者は何時辞めてもいい」とか、「あんた給料高いだろ、あんたは自分の給料の5倍くらい働かなければ給料に見合わない」、「この位で満足していないだろうな」、「必要ない、止めた方がいい」などと言われ、無能呼ばわりされたこともあった。

2　太郎は、14年夏頃にうつ病を発症し、その後、翌15年1月13日には自殺を図ったことから、太郎のうつ病は、当時「中等症」以上に増悪しており、部長の説教や叱責は、太郎のうつ病発症に影響したものと認められ、他方、太郎にはうつ病の要因はなく、ノルマの未達成、部長の叱責、島原店への配転などは、平均的労働者にも過重な精神的負荷を与えるものであるから、太郎に生じたうつ病と業務との間には相当因果関係があり、業務起因性が認められる。

14-08　技量未熟な医師が侮辱的・パワハラ的叱責と長時間労働で疲弊し、うつ病を発症した事例

〈**概 要**〉上司である医師は、手術等の施療技術が未熟の医師に苛立ち、侮辱的な言葉で叱責、拳でコツンと叩き、施術時のミスに2人の上司が侮辱的な言葉を浴びせ、うつ病自殺に至らせた事例。

〈平成 27.03.18　広島高裁松江支部判決　公立Y病院パワハラ叱責事件〉

1　平成19年10月1日、整形外科に配転後、長時間の過重労働と上司の侮辱的叱責により12月初旬に精神障害を発症し、同月10日、宿舎浴室で一酸化炭素中毒により自殺しました。

2　西川整形外科医長と南川整形外科部長の一郎に対する叱責等の概要

①　メスの当て方で何度も注意を受け、「大学で出来たことが何故出来んのだ」と言われ、手術器具の準備不足が分かったとき、「田舎の病院だと思ってなめとるのか」と怒鳴られ、

②　「そんな仕事振りでは給料分に相当していない」とか、整形外科医院を開業している父親に「仕事振りを両親に連絡しようか」などと、看護師らの前で大声で言われ、返事に窮し、

③　「昨日も答えられなかったのに、今日も練習して来なかったのか」と叱責され、

④　手術中に、「今、何をやっているのか分かっているのか」と叱責されたと述べ

ていました。

3　上司らの責任について

　　院長及び整形外科部長は、一郎への叱責が業務上の注意指導の範囲を超えた違法行為となることを放置し、一郎を精神障害に罹患させたのであるから、病院は、国家賠償法上の責任として、慰謝料2500万円、逸失利益1億98万円余等を支払う義務が認められる。

14-09　高卒3年目、指導を重ねるもミスを繰り返し、次第に厳しく叱責し、自殺に至った事例

〈**概要**〉パソコン入力の業務で、指導を重ねられるもミスを繰り返し、直接の指導者は次第に厳しい叱責を繰り返し、その上の上司も同時に叱責し、共に支援を怠り、自殺に至らせた事例。

〈平成29.01.27　名古屋地裁判決　青果会社パワハラ叱責事件〉

1　高卒3年目で、ミスを繰り返す春子に対する女性社員で指導担当の雪子の頻繁な叱責、営業と経理を統括する月子の春子に対する支援の欠如等により、春子は飛び降り自殺に至りました。

　　裁判所が不法行為と認定した両者の叱責・対応等の概要は、次のとおりです。

　1)雪子については、継続的・頻回に行った叱責の態様により春子に恐怖や威圧感を与え、社会通念上許容される業務上の指導の範囲を超え、

　2)月子については、パソコンシステムによって春子の業務が軽減されたと軽信し、春子の業務を支援せず、春子の業務負担の状況などを上司に報告すべき義務を怠ったものであり、

2　裁判所は、会社には、不法行為及び安全配慮義務違反が認められ、雪子の不法行為、雪子と月子の共同不法行為により春子が被った精神的苦痛に対する慰謝料は、各50万円、合計150万円が相当であり、春子には自殺への親和性が高いとは認められないとして、過失相殺を否定しました。

3　さらに、裁判所は、春子が生前うつ病を発症していたとは認められない（控訴審ではうつ病発症を認定）と認定しました。

14-10　高卒3年目、指導を重ねるもミスを繰り返し、次第に厳しく注意叱責され自殺（09の控訴審）

〈**概要**〉高卒女性社員の頻繁な間違いの繰り返しに、職域管理の上司、指導を任された上司らが、頻繁に電算室に呼び出し、繰り返し長時間に及ぶ厳しい叱責により自殺に至らせた事例。

〈平成29.11.30　名古屋高裁判決　青果会社パワハラ叱責事件〉

1　14-09の控訴審です。ここでは、雪子と月子の注意・叱責等の態様について、次

に紹介します。春子のうつ病発症及び春子の死亡に対する被告会社の賠償責任が認定されました。

　1）雪子は、「てめえ、あんた、同じミスばかりして」などと厳しく叱責し、母親が会社に相談した後、「親に出てきて貰うくらいなら、社会人としての自覚を持ってミスのないようにしっかりしてほしい」と叱責しました。

　2）月子は、春子のミスについて確認や注意のために電算室に呼び出し、「何度言ったら分かるの」などと、強い口調で、同じ注意・叱責を何度も繰り返し、長時間にわたって叱責していました。

2　被告会社の春子の死亡に対する損害賠償責任及び雪子らの損害賠償責任

　1）裁判所は、春子の死亡について、慰謝料 2000 万円、逸失利益 3550 万円余、葬祭料 150 万円について、労災保険の給付と損益相殺をして、被告会社に支払いを命じました。

　2）また、裁判所は、雪子の不法行為に係る慰謝料は 50 万円、雪子と月子の不法行為に係る慰謝料は 50 万円が相当であるから、雪子が賠償すべき額は 100 万円（うち 50 万円は月子と連帯）、月子が賠償すべき額は 50 万円（雪子と連帯）となり、弁護士費用はそれぞれ上記損害額の 10 分の 1 が相当であるとして、それぞれの支払いを命じました。

14-11　知的障害者の仕事・休暇に不満が募り、障害者の名誉感情を害する叱責に及んだ事例

〈概要〉障害者雇用に積極的なスーパーで、社員が、知的障害者への理解不足から、水泳大会のための休暇取得や、作業ミスなどへ不満を募らせて侮辱し、嫌みな言葉で注意・叱責に及んだ事例。

〈平成 29.11.30　東京地裁判決　ＩＫ社障害者パワハラ叱責事件〉

1　太郎が主張した 10 幾つかの項目中、次の一つの項目の二つの言葉が不法行為と認定されました。「幼稚園児以下だ」や「馬鹿でも出来る」という言葉は、太郎がミスをした際に直接太郎に向けて発せられたものであって、太郎の名誉感情を傷つける不法行為と認定されました。これらは、民法第 710 条に定める名誉に係る人格権の侵害となります。

2　その他、事実の確定や証拠付けが不十分とされた、次の発言を見てみましょう。「ふざけんな、調子に乗るな、何でこんなに長く休むんだ」は、これ自体が不法行為的発言であり、「丙川から手を引っ張られた」は、丙川の指導の流れの範囲を超えないものですが、「ちゃんとやらないと蹴る」と言ったり、「店長にチクったな」と言ったのは不法行為的な発言と考えられます。

　不法行為的と表現したのは、不穏当な発言であって知的障害者の感受性を考慮すると、「怖さ」を感じさせ、不法行為に類すると考える余地のある発言という意味であり、それらの発言の前後の事情や、発言を複合させると損害賠償責任を生じさせる可能性があるという意味です。

14-12　仕事のミスで毎日のように怒鳴りつけ、蹴り、定規で叩き、胸倉を掴むなどに及んだ事例

〈**概要**〉仕事のミスをきっかけに、ほぼ毎日怒鳴りつけ、蹴ったり、定規で机を叩き、胸倉を掴むなどの不条理な叱責、配置換え後に目安箱に投函すると名前を開示され、そのため精神疾患を発病。

〈平成 30.10.24　大阪地裁判決　Ｔロジテックパワハラ叱責事件〉

1　有数の大企業のグループ会社に採用され極めて小規模な出張所に配属された太郎は、仕事のミスを上司の岩山から、暴言や激しい叱責、時には暴行を毎日のように受けていました。

2　太郎は、1年半後に大阪営業所に転勤になった後、会社の「目安箱」に上記1の暴言・暴行を記載した書面を投函したところ、担当部長は、太郎に対し、「太郎の名前を出した上で事実確認をした」と伝えたため、太郎は、以前の上司の岩山からの報復を恐れ、グループ会社に勤務する父親とともに担当部長や社長と話合いを持ちました。

　しかし、会社は、岩山がパワハラを否定しているとして解決策を示さないまま推移し、目安箱への投函後1年を経過して、太郎は PTSD、睡眠障害の診断を受け欠勤に至りました。

　裁判所は、加害者岩山の報告や供述を「反対尋問の機会を経ていない」として排斥し、適応障害からうつ病エピソードに移行したものとして業務起因性を認定しました。

※　この「裁判例に学ぶパワハラの真実」において、反対尋問の機会を経た裁判例が「パワハラの真実を示す」ものとした理由がここにあります。

15-01　服務規定に違反し襟章を装着せず、助役らが千枚通しで襟に強制的に装着させた事例

〈**概要**〉旧国鉄労使の対立の激化当時、制服の襟章装着を組合員全員が拒否。Ｅ職員が着用している上着左襟に、助役が千枚通しで穴を開けて襟章を強制装着し、右襟にも装着しようと及んだ事例。

〈平成 01.10.16　福岡高裁判決　国鉄Ｔ温泉電力区パワハラ強要行為事件〉

1　昭和60年10月25日、旧国鉄では労使の対立が激化し、武雄温泉電力区では所定の襟章の装着が守られていなかったことから、点呼後、襟章を装着していないＤ職員に対し、助役らが「手伝ってやる」と言って、千枚通しで制服の襟に穴を開け襟章を装着しました。

　そこに、Ｅ職員が来たところで、Ｃ助役が襟章を付けるよう指示し、Ｙ助役が無言でＥ職員が着用していた冬用制服の上衣の左襟を引っ張って千枚通しで穴を開け、Ｃ助役とともに襟章一箇を付け、次にＸ助役がＥ職員の右襟を引っ張って、先ずボールペンで印を付け、次いでＹ助役から手渡された千枚通しで右襟に穴を開け

ようとした。そこで、E職員が「作業に行くから止めてくれ」と言ったので、X助
役らはそれを止めた。
2　裁判所は、E職員らには襟章着用義務が課せられており、管理者が相当な方法に
よって襟章着用を指導することは何ら違法ではない。
　　しかしながら、着用の指示に従わない職員を規律違反として対処するのは格別、
本人の意思に反し、実力で装着させる行為は許されないとして慰謝料5万円の支払
いを命じました。

15-02　軽微な過誤を続発、製造長がその都度反省書を提出させ、片付け作業を再現させた事例

〈概要〉軽微な過誤を多数起こし、上司は、毎回執拗に反省書の提出を求め、後片付け
　作業の再現を強要し心因反応に至らせ、指導監督権の裁量範囲を逸脱し、不法行為に該
　当すると認定された事例。
　　　　　　　　　〈平成 02.02.01　東京地裁八王子支部判決　T社府中工場パワハラ強要事件〉

1　製造長は、4月3日、Aが溶接作業の手順に従わなかったため反省書を提出させ、
　続いて同月9日、Aが勤務時間中に組合ビラを配付したので反省書を提出させよう
　としたところ、Aの抵抗で提出させることができませんでした。すると、反省書を
　提出させることができなかったことを批判する意見が寄せられたため、製造長は、
　今後は必ず提出させようと決意しました。
2　Aは、5月6日、11日、12日、18日、22日に作業の誤りについて反省書を提
　出させられ、6月10日、22日には休憩の取り方で反省書を提出させられ、6月
　29日には年休請求の電話を咎められ、始末書の提出を求められて労働組合に相談
　し、今後は拒否しようと決意しました。
3　その後、反省書の提出を拒否した後、「製造長を上司と認める」旨の始末書を提
　出し、8月8日、終業時刻の前に片付け作業をしたことから、翌9日、製造長は、
　前日の片付け作業を再現させようとして両者はトラブルとなり、Aは救急搬送され、
　心因反応と診断されました。
4　裁判所は、製造長は、部下に対する監督指導の権限を有し、必要に応じて叱責し、
　始末書等の提出を求めることができるが、権限の行使が本人の自由な意思に反し、
　正当な権限の範囲を逸脱し、合理性が欠如するなど、裁量権の濫用にわたる場合は
　違法性を帯びるとして、上記4月から5月の製造長の行為は監督指導の範囲と認め
　られるが、6月以降の行為は部下に対する監督指導の権限を逸脱したものであると
　して、製造長及び被告会社に対し、15万円の慰謝料の支払いを命じました。

15-03　国労マーク入りベルト着用の就業規則違反行為者に、就業規則の書き写しを命じた事例

〈概要〉国労マーク入りのベルトの着用を就業規則の違反行為として取外しを命じ、反

抗的な態度を示した者に、就業規則全文の書き写しを命じた行為を不法行為とし、慰謝料の支払を命じた事例。

〈平成 04.12.25　仙台高裁秋田支部判決　H保線区パワハラ強要控訴事件〉

1　JRの国労組合員が、国労マーク入りのベルトを着用していたことから、保線区長は当該ベルトの着用は就業規則違反であるとして、取り外しを命じ、翌日、就業規則の書き写しを命じました。訴訟は、地裁、高裁、最高裁（上告棄却）とも原告組合員が勝訴しました。

2　裁判所は、「業務上必要な知識を習得させるため、就業規則の内容を周知させるために相当な教育訓練であれば、業務命令権の逸脱にはならない」と判示した上で、

3　本件ベルト着用の合理性の有無は、社員の服装選択の自由と会社の事業の性格に由来する社会性、公共性及び職場秩序維持の必要性並びに業務遂行上の必要性等から判断すべきであり、本件で教育訓練の契機となった本件ベルトの着用行為は、これを禁止する合理的理由を認めることは困難であり、その着用は、就業規則第20条第3項に定める服装の整正に反するものとは認められないとして、被告会社に対し、慰謝料20万円の支払いを命じました。

※　就業規則における社員の服装の整正について、参考となる判決と考えられます。

15-04　課長昇進で重圧、退職申出、推薦した部長が許さず、叱咤激励し、自殺に至らせた事例

〈**概 要**〉課長昇進後、職務の重圧により退職を申し出るも、課長に推薦した部長が退職を許さず、叱咤激励して勤務の継続を求め、自殺未遂を経て自殺に至る。叱咤激励と自殺との因果関係？

〈平成 14.07.23 日　東京高裁判決　ＳＤサービスパワハラ強要行為控訴事件〉

1　太郎は、乙山部長の推薦もあり課長に昇格しました。しかし、課長の職務の重圧のため退職を決意しましたが、推薦した部長は太郎の退職を許さず、太郎は、通勤用の自家用車内で排気ガスによる自殺未遂を経て、後日、再び、自家用車内に排気ガスを引き込み自殺を決行しました。

2　乙山部長による太郎の退職を抑止するための言動

　　乙山部長は、太郎が会社に迷惑をかけるから会社を辞めたという退職の申出に対し、①退職しても適当な仕事がないこと、②長女や家族のことを考えるように述べ、③太郎を叱責するような口調で、勤務の継続を説得し続けましたが、太郎が翻意しなかったため、④ソファから立ち上がって、太郎の胸倉を掴んだりして説得しました。

　　また、「自律神経失調症で休暇をとると、精神的な病気だと噂が立つ、その理由で休暇をとると気違いと思われる」とか、「自殺出来るものなら自殺してみろ」などと勤務の継続を説得しました。

3　会社及び乙山部長の責任

　　裁判所は、慰謝料2200万円、逸失利益5432万円余、葬儀費用120万円を認定した上で、これについて過失相殺を類推適用し、8割を減額した額と弁護士費用の支払いを命じました。

15-05　架空出来高発覚、支店は日報により是正指示、是正進まず、遺書残し自殺に至った事例

〈概要〉営業所長就任直後から架空出来高を報告し、これが発覚。上司が架空出来高の解消を指示、解消進まず、日々詳細な報告を指示され、うつ病自殺に至る。是正指導に不法行為認定事例。遺書には、「怒られるのも、言い訳するのも疲れました…申し訳ありません。妻へ、決して労災などで訴えないでくれ。ごめん」と自責の言葉を残しました。

〈平成20.07.01　松山地裁判決　Ｄ道路パワハラ強要行為事件〉

1　Ｙ所長は、東部営業所長就任後間もなく、工事の実績を架空出来高で支店に報告し始め、やがて、報告に疑問をもった支店の担当幹部が架空出来高を見破り、その是正解消を指示しましたが、依然として不正を続け、後任担当幹部が架空出来高を指摘した時点では1800万円近くに達し、幹部は、日々の出来高を報告させるなど厳しく是正を指示していました。

2　支店幹部と営業所長らとの金曜日の是正検討会議で、担当幹部は、検討資料の内容が異なることを指摘し、「1800万円近くの借金があるんだぞ」と現状を再認識させ、厳しく是正を指示しました。

　　そして、休日明けの月曜日午前6時30分、上記〈概要〉記載の遺書を残し、営業所の試験室東側で縊首自殺をしました。

3　裁判所は、過剰なノルマの達成の強要あるいは執拗な叱責をしたとして違法行為を認定し、慰謝料2800万円、逸失利益8751万円余、葬儀費用150万円の支払いを命じました。

4　控訴審（18-02）では、会社の違法行為を否定し、Ｙ所長の妻の請求を棄却しました。

※　この訴訟に先立つ平成17年10月27日、○○労基署長は、Ｙ所長の死亡を業務上の災害と認定し、それを原告妻に通知しました。すると妻は、会社の関係者に連絡することなく、「パワーハラスメント（職権による人権侵害）が原因と認められた異例のケース」として会社を非難する記者会見を行いました。しかし、上記3のように、控訴審では敗訴となったのです。

15-06　販売目標の未達成の社員に易者のコスチュームを着用させ、写真に撮影し投影した事例

〈概要〉販売目標未達成の社員に対し、同意なく、事実上強制的に、研修会当日に終日、罰ゲームとして易者のコスチュームを着用させて撮影し、後日の研修会で投影して参加者に閲覧させた事例。

1　化粧品販売会社の販売員には販売目標が設定され、今期目標が達成できなかった春子ら４名は、研修会の当日、終日にわたり、特別なコスチュームを着用させられました。

　　春子は、易者のコスチュームを着用し、その姿は写真に撮影され、後日の研修会でコスチュームを着用して研修に参加している姿が投影されました。春子は、その後精神科クリニックで受診し、「身体表現性障害」と診断され、欠勤し、契約期間が満了となりました。

2　裁判所は、コスチュームの着用は業務の内容や研修とは全く関係がなく、コスチュームの着用や撮影に携わった課長、係長、主任らの行為は不法行為に該当するとして、使用者責任を認定の上、不法行為と相当因果関係のある損害として 22 万円の支払いを命じました。

15-07　酒を飲めない部下に、居酒屋・ホテルで飲酒を強要し、翌日レンタカー運転強要の事例

〈**概　要**〉出張先の居酒屋で、酒の強い上司が酒が飲めない部下へ執拗に、「酒は吐けば飲めるなど」などと強要し、翌日は、飲酒での体調不調を訴える部下にレンタカーの運転を強要した事案。

1　次長と係長、Ａの３名が登場します。飲酒と運転の強要、加えて深夜の脅迫的な留守電が主題です。舞台は、北海道のホテルでの業務終了後の居酒屋です。

2　酒が強い次長は、体質的に酒が飲めない係長に対し、執拗に飲酒を強要しました。「飲めないんです。飲むと吐きますので、勘弁してください。」という係長に、次長は、「少しぐらいなら大丈夫だ」、「飲めるんだろう、そんな大きな体してるんだから、飲め」と語気を荒げ、やがて気分が悪くなってトイレに駆け込んで戻った係長に、「酒は、吐けば飲めるんだ」と言い放ち、その後、宿泊するホテルの次長の部屋でも飲酒を強要しました。

　　そして、翌日、Ａが運転するレンタカーで千歳空港に向かう途中、次長は、体調が悪いと言って運転を断る係長に、レンタカーの借用名義は係長だと言って運転を強要しました。

3　その後、東京本社で勤務中、係長が次長の指示に反して出先から直帰したため、これを叱責する目的で、深夜に係長に電話を掛けて、留守電に脅迫的な言葉を残しました。

4　裁判所は、留守電に残された脅迫的な言動にのみ不法行為を認定しましたが、控訴審では、①飲酒の強要、②運転の強要、③深夜の留守電に不法行為の成立を認め、太郎の私傷病休職による退職扱いについては違法性を否定しました。

　　裁判所は、上記①②③について不法行為を認定し、慰謝料 150 万円の支払いを

命じました。

15-08　成績不良の部下にノルマを強要し、能力・人格を否定し、私生活に言及した上司の事例

〈**概要**〉成績不良の部下に上司がノルマ達成を強要し、能力や人格を否定し、私的生活に言及した上司に対する降格が有効とされた事例。部下4名へのパワハラ言動を具体的に表現した参考例。

〈平成27.08.07　東京地裁判決　M社パワハラ強要事件〉

1　この事案は、理事8等級であった秋山が、4名の部下に対しパワハラを行ったことを理由に副理事7等級に降格となったことから、その降格処分の無効確認を求める訴訟です。
2　会社は、「コンプライアンスの手引き」を作成し、パワハラの具体的な定義を定め、その防止を就業規則で定めていたところ、秋山は、成績不良の部下に対し、ノルマの達成を強要し、能力や人格を否定し、私的な生活に言及したことから、会社は、懲戒降格に処しました。
3　4名の部下のうち1名に対する秋山の叱責等に係る裁判所の判断は次のとおりです。
「秋山の言動は、成果を出せないD社員に対し、適切な教育的指導もなく、退職を強要するものであり、C常務と共にノルマの未達成の場合には退職を約束させる文章を書かせたり、子供の話を持ち出すなど、常軌を逸した態様によりD社員の人格を傷つけているものであって、被告会社の就業規則に定めるパワハラの定義に該当する」
4　裁判所は、会社はパワハラについて指導啓発を継続的に行い、経営方針として明確に示していたところ、秋山は、職責を忘れ、会社の方針と相反する行動をとり続けたのであって、降格処分を受けることは、言わば当然のことであり、降格処分は相当であると判示しました。

15-09　ホストクラブの21歳のホストが主任ホストから多量の飲酒を強要され、死亡した事例

〈**概要**〉ホストクラブで21歳のホストが接客中、主任ホストらから飲酒を強要され、急性アルコール中毒を起こし、救急搬送後死亡。両親が損害賠償を請求し、会社の使用者責任が認定された事例。

〈平成31.02.26　大阪地裁判決　ホストクラブパワハラ強要行為事件〉

1　この事案は、21歳のホストが接客時に主任ホストらから、威圧的な言動によって飲酒を強要され、泥酔して倒れていたところを発見されて救急搬送後に死亡したため、両親が原告となってホストクラブを経営する会社に対し、損害賠償を請求す

る訴訟です。

2　裁判所は、主任ホストには、ホストらが過度に飲酒しないよう配慮し、酩酊など
危険な状態に陥った場合には救急車を呼び、早期に適切な措置をとって当該ホスト
の生命身体の安全に配慮すべき注意義務を負っていたにもかかわらず、主任ホスト
は、威圧的に飲酒を強要し、泥酔状態に陥った当該ホストを放置し、その結果、ア
ルコール中毒死に至らせたのであるから、不法行為の責任を負うと判示し、また、
当該ホストの死亡は、被告会社の事業の執行について生じたものであるとして、慰
謝料2300万円、逸失利益4735万円余、葬儀費用150万円、原告父母の固有の
逸失利益を100万円と認定し、被告会社の使用者責任に基づき、支払いを命じま
した。

16-01　同僚を中傷した社員の事情聴取時に、人事担当者が高圧的な大声で叱責に及んだ事例

〈**概 要**〉同僚を中傷し、取締役へ中傷的な申告をした社員への人事課員による高圧的な
面談に不法行為を認定するも、社員の反抗的態度により、第一審認定の慰謝料を大幅に
減額した例。

〈平成21.05.22　広島高裁松江支部判決　Ｓ電機損害賠償請求控訴事件〉

1　この事案は、A社員の仕事振りに嫉妬したY社員が、A社員の悪口を言い振らし、
取締役にも直訴に及んだため、人事課員によるY社員の事情聴取時に起きたパワハ
ラ行為です。

2　Y社員はA社員とともにレーザー技術課で仕事をしていたところ、A社員は仕事
の出来映えが良く、他方、Y社員は、上司から注意を受けていたこともあり、A社
員に嫉妬し、「A社員は会社のお金を横領し、今の職場へ飛ばされた」と同僚に告げ、
これを同僚から聞いたA社員は、平川課長と松山人事課員に、「なんとかして欲しい」
と涙ながらに訴えました。

3　人事課員の松山らは、A社員の同僚からY社員の発言を確認し、続いてY社員か
ら事情を聞いた際に、Y社員は、ふて腐れた様子で横を向いて応答していた。
　　松山は、次第に感情を高ぶらせ、立腹し、大声で叱責し、言葉の内容も侮辱的と
なり、脅迫に類する発言を浴びせるに至りました。

4　この控訴審裁判所は、松山の言動に不法行為、会社に使用者責任を認定し、松山
の発言に至ったY社員の態度に鑑み、慰謝料額は最低額で足りるとして、第一審が
認定した30万円を10万円に減額しました。

16-02　目標未達成・仕事の失策等により、部長が怒鳴り付け、定規で叩き、冬期に送風した事例

〈**概 要**〉目標未達成、成績不良、仕事の失策、私的な要求などにより、部下に罵声を浴びせ、
殴り蹴る、冬期に喫煙者である部下へ扇風機で送風などに不法行為・使用者責任が認定

された例。

〈平成 22.07.27　東京地裁判決　Ｈファンドパワハラ粗暴行為事件〉

1　登場する部長は、粗暴言動の性格傾向を疑わせる人物で、日常的に暴言、暴行、強要、不当な異動や侮辱的発言を浴びせるなどしており、その概略の次はとおり。
　1）会社目標より高い目標を設定し、多数社員の面前で、未達成の社員を「馬鹿野郎、会社を辞めろ」と怒鳴り付け、部下の頭を定規で叩いたり、電卓を投げ付け、
　2）特定の宗教関係の新聞の購読を強要し、断ると叱責し、異動・退職させ、
　3）意見を述べた社員に「お前はやる気がない、明日から来なくていい」と怒鳴り付け、
　4）報告を忘れた部下に「バカ野郎、給料泥棒、責任を取れ」と怒鳴り付け、その社員の上司に「次長、お前の責任はどうなるんだ、馬鹿野郎」と怒鳴り、
　5）「タバコ臭い、どうにかしろ」と言って、冬期に扇風機 3 台で背後から送風した。
2　裁判所は、部長の言動は不法行為に該当するとし、原告甲野に対し 60 万円、乙野に対し 40 万円、丁野に対し 10 万円の慰謝料を認定し、部長の言動は会社の事業の執行について行われた行為であるとして使用者責任を認定し、これらの慰謝料の支払いを命じました。

16-03　出張日程の打合せを無視し、要請に応じない部下に、「ぶっ殺す」等の脅迫電話の事例

〈**概　要**〉打合せた日程を無視し、再度の日程調整に応じない部下に、上司は怒りを抑え切れず、午後 11 時前に携帯電話をかけ、「ぶっ殺すぞ、辞めろ、ぶっ殺すぞ」と強烈な脅迫的言動に及んだ事例。

〈平成 24.03.09　東京地裁判決　Ｗホテルパワハラ粗暴言動事件〉

1　この事案は、香港出張の最終確認の日程を無視したことから、立腹した上司が深夜の留守電に、脅迫的な叱責を残した行為が不法行為と認定され、70 万円の慰謝料の支払いが命じられた事案です。この被害者は、上記とは別に、仕事の不手際などから適応障害を発症し、休職を経て自然退職とされ、その効力を争ったのですが、自然退職は有効とされました。
　　留守電に残した脅迫的な叱責は、「出ろよ、ちえっ、ぶっ殺すぞ、お前、何やってるんだ、お前、辞めていいよ、辞めろ、辞表を出せ、ぶっ殺すぞ、お前」というものでした。
2　判決は、パワハラが不法行為を構成する要素につき、次のように判示しました。
「パワハラが不法行為を構成するためには、両者の人間関係、当該行為の動機・目的・時間・場所、態様等を総合考慮の上、企業組織若しくは職務上の指揮命令関係にある上司等が、職務遂行の過程で、部下に対し、職務上の地位・権限を逸脱・濫用し、社会通念に照らし客観的な見地からみて、有形無形の圧力を加える行為をしたと評価される場合に限り、被害者の人格権を侵害するものとして民法所定の不法

行為を構成する」

16-04 長時間労働の下で些細なミスに反応し、多様な暴言・暴行・粗暴行動・強要を加えた事例

〈**概要**〉イジメの性格傾向が、些細なミスに反応してパワハラを発現、職務上の地位を背景として、暴言・暴行・強要・侮辱など、多彩な粗暴パワハラ行為、会社法第429条の代表者の責任を認定。

〈平成 26.11.04　東京地裁判決　Ｓ社パワハラ粗暴事件〉

1　自殺に至った店長の直前の時間外労働時間は 1 か月当たり 190 時間を超え、休日もほとんどない状況下で、心身ともに疲労が蓄積している中での上司のパワハラです。個別のパワハラとしては、さほど強烈なものではないものの恒常的に蓄積されていました。
　①　些細な仕事ミスをすると、「馬鹿だな、使えねーな」と尻や頭、頬を叩いた。
　②　訳もなく、厨房のしゃもじで殴った。
　③　朝礼で、読んだ雑誌の感想発表ができず、「馬鹿野郎、早く言え」と頭を叩いた。
　④　店長の携帯電話をデシャップという場所に叩きつけるように置いた。
　⑤　勤務終了後の深夜に、ニンニクの皮むきをさせた。以下 6 項目は略します
2　被告会社には安全配慮義務違反が認められ、エリアマネージャー被告夏山の不法行為に基づく使用者責任を負うべきであり、さらに被告会社は会社法第 429 条の責任を負うとして、被告会社、被告夏山、被告代表者は連帯して、原告両親それぞれに慰謝料等の各合計 2897 万円余の支払いをしなければならない。会社法第 429 条第 1 項は次のとおりです。
　　役員等がその職務を行うについて悪意又は重大な過失があったときは、当該役員等は、これによって第三者に生じた損害を賠償する責任を負う。

16-05 伝統空手を学んだ社員に、極真空手を修練した先輩が多数回脅迫的に誘い、自殺の事例

〈**概要**〉極真空手に熟達した先輩が、後輩が修練した他流の伝統的な空手を誹謗し、屈辱を与え、極真空手の凄さを見せようとしきりに道場に誘い、事あるごとに怒鳴り、自殺に追い込んだ事例。

〈平成 29.09.29　大阪高裁判決　ＨＳ高速パワハラ粗暴行為事件〉

1　この事案は、うつ病を発症して自殺した一郎の労災補償の不支給決定の取消を求める行政訴訟で、業務起因性が認められました。判決に現れたパワハラ言動を整理します。
2　次は、夜間勤務における 2 回目の巡回時の岩山の一郎に対する言動です。
　1) 岩山の「それやったら、俺と仕事の話は一切せんでええ」、「歩き方が気にいら

ない」、「道場へ来い、道場やったら殴りやすいから」との発言は、一郎を怖がらせ、岩山を怖い存在と強く意識付けさせ、業務による相当程度の心理的負荷を与えるものであった。

2）夜勤時の2回目の巡回で、岩山が一郎に「何もするな」と怒鳴りつけ、仕事をさせなかったのは極めて理不尽であり、一郎の職業人としての人格を踏みにじり、否定する行為と言っても過言ではなく、これがイジメ・嫌がらせに当たることは明らかである。

3）2回目の巡回終了後、書類整理中の一郎に、岩山が「何もするな言うたやろ、殺すぞ」と大声で怒鳴りつけた行為は、自らの怒りの感情を爆発させた極めて理不尽な行為であり、「殺すぞ」と怒鳴りつけた行為は、文字通り殺害される恐怖を抱かせたとはいえないものの、これまでの岩山の言動からすれば、殴る蹴るなどの危害を加えられるかも知れないという恐怖・畏怖や不安感を抱かせ、業務による強い心理的負荷を生じさせるものと認められる。

17-01　社長の後継者として移籍させ、過大業務を付与し、支援せず、精神障害に至らせた事例

〈概要〉社長の後継者の候補として移籍させ、過大・過重な業務を付与し、指導・支援をせず、叱責・非難をしたことにより、精神疾患を発症させたとして不法行為を構成する要素を判示。

〈平成20.09.11　大阪地裁判決　天むすパワハラ過重業務事件〉

1　春子の甲野社長に対する主張（箇条書きに整理）

①　未経験の業務にもかかわらず業務全般を任せ、過重な業務に指導支援をしなかった。

②　業務命令を突然変更し、独断の指示などにより従業員が次々と退職し、人員不足が深刻化し、春子は過労状態に置かれて心身ともに疲弊し、正常な勤務が困難な状態となっていった。

③　春子の過労状態を認識できたのに、それを怠り、春子を激しく叱責し、繰り返し「無能だ」と罵倒し、無理な要求を突きつけ、春子の提案を無視し、理由なく叱責した。

④　春子は過労で体力が衰え、人格的非難や罵倒により精神的苦痛を募らせる日々が続き限界状態となり、社長の叱責に泣き出し、食欲を失い、「不安抑うつ状態」となった

2　甲野社長は、春子の能力を超える過重な業務に従事させ、指導、援助を行わず、業務指示を突然変更し、春子の仕事振りを一方的に非難し、不快感を露わにするなど、不適切な対応により、肉体的疲労、精神的ストレスを蓄積させ、これが要因となって春子は精神疾患に陥り、心療内科の医師から、就労不能・1か月の自宅療養を要する旨の診断を受け、その後も業務指示を続けたとして、被告会社に対し、慰謝料150万円の支払いを命じました。

17-02　不当値引き等でレジ・販売不適、価格調査の過重業務へ配置換え打診受け自殺した事例

〈**概要**〉不当値引きにより、注意書の作成及びシフトの変更は、業務の不適切処理が理由で正当であり、大声叱責もやむを得ないが、強い忌避感のある業務への配置換え説得は不法行為となる。

〈平成 30.05.24　大津地裁判決　関西Kデンキパワハラ過重業務事件〉

1　店長の花子に対する言動
　①　不適正なリサイクル商品の値引きなど3つの不都合行為に3通の注意書を作成させた行為
　②　月次のシフトを希望に反する内容に変更した行為
　③　大声で叱責をした行為
　④　競合店に出向いて終日価格調査をする業務への配置換えを説得した行為
2　裁判所は、①には業務上の必要性・相当性があり、②にも業務上の必要性があり、③は花子が反省なく反論したことによるもので、いずれもパワハラに該当しないが、④の配置換えに係る業務は、ほぼ毎日競合点で価格調査を終日行う過重な業務であり、嫌がる花子への説得は、説得の域を超えて指示に当たり、強い精神的苦痛を強いる不法行為であると判断し、店長の不法行為及び使用者責任を認め、慰謝料150万円の支払いを命じました。

18-01　電車遅発防止に係る日勤教育の必要性を肯定、うつ病自殺との因果関係を否定した事例

〈**概要**〉電車遅発の原因は、基本的な知識の欠如、基本動作の不履行であり、日勤教育は必要であるとし、その内容・態様等の相当性を認め、自殺の予見性と相当因果関係を否定。

〈平成 18.11.24　大阪高裁判決　ＪＲ・Ａ電車区日勤教育控訴事件〉

1　太朗は電車を遅発させたことにより、基本的な知識の欠如、基本動作の不履行があるとして再教育（日勤教育）を課せられ、その4日目を頭痛を理由に年休を取得し、同日午後3時30分頃、太朗の自宅を訪問した同僚によって、縊首自殺しているのを発見されました。
2　太朗の父が原告として、被告会社及び区長等3名に対し、損害賠償請求訴訟を提起したところ、裁判所は、次のように判決しました。
　1）日勤教育は、輸送安全確保のため、職員の安全意識の向上、所定手順の徹底、知識・技能の向上等につき、再教育が必要であるとの意見が運転者に圧倒的に多く、再教育内容も多くが納得でき、再教育の方法として日勤教育は相当であると認められる。
　2）太朗に対する日勤教育指定の相当性については、太朗が、定められた手順に従わず、必要な操作や確認を怠り、基本手順である時刻確認をしなかったことが認

められ、これは、保安装置であるＡＴＳの取扱いに関する基本的な知識の不十分さや、基本動作の不徹底によるものであって、いずれも重大事故に繋がりかねない過ちであるから、日勤教育を受けるよう指示したことは、相当の措置であったというべきである、として請求を棄却しました。

18-02　架空出来高解消の是正指示を受け、うつ病自殺、是正指示の不法行為が否定された事例

〈概要〉営業所長就任直後から架空出来高を報告して発覚し、支店上司が架空出来高の解消を指示、解消進まず、日々詳細な報告を指示され指導によりうつ病自殺。是正指導は不法行為に該当せず。

〈平 21.04.23　高松高裁判決　Ｄ道路パワハラ損害賠償請求控訴事件〉

1　15-05 の控訴審です。第一審で認定された不法行為がこの控訴審では否定されました。不法行為を否定した理由について、次にその概要を紹介します。
2　営業所は独立採算を基本として過去の実績を踏まえて自主的に翌年度の目標を立て、四国支店から特に増額変更の要請はなかったものであり、当該営業所の業績環境が困難なことを考慮しても、当初の事業計画の作成及びその目標達成に関しては、支店の上司からの過剰なノルマの達成の強要があったとは認められない。
3　他方、当該営業所長は、上司から架空出来高の是正を指示されながら、1 年以上が経過しても是正せず、工事日報も作成しなかったことなどを考慮に入れると、上司らが不正経理の解消や工事日報の作成について、ある程度厳しい改善指導をすることは、営業所長の上司として、なすべき正当な業務の範囲内であり、社会通念上許容される業務上の指導の範囲を超えないから、当該営業所長に対する上司らの叱責等が違法ということはできない。

18-03　業務習熟なく、丁寧な指導受けるも素直に従わず、反抗的態度を示し、解雇に至った事例

〈概要〉営業電話や顧客対応に問題があり、社長や上司の指導にも素直に従わず上司と対立、主張した集団的なイジメ・嫌がらせは否定、解雇は相当とされ、うつ状態は業務外と判断された事例。

〈平成 22.09.14　東京地裁判決　ＴＭＰワールドパワハラ叱責事件〉

1　松子には、営業電話や顧客対応に問題があり、社長や上司の指導にも素直に従わず、集団的なイジメや嫌がらせを受けたとの主張は否定され、解雇についても有効とされ、うつ状態となったことについては業務起因性がないとされました。
2　上司らの指導の実際と松子の反応を抜き書きしてみます。
①　電話に出るときは、「もしもし」ではなく、社名を名乗るよう指導すると、謝りながらも、「あんまり、いきなり指摘されるのもチョット」と不満を漏らし、同日、

甲野から、外部電話や顧客対応について、「改善の余地がある。突き放したような言い方、愛想のない言い方は良くない」と指摘され、考えるよう指示された。

② 　春子たちは松子とミーティングを持ち、「電話は、声を大きくし、件数をこなすのではなく、アポイントの取得を目指すよう記録して読み合わせるなどし、誰もが上司であり先輩であることに留意するよう」などと指導した。

3 　しかし、松子は、指導に従って積極的に努力する姿勢をみせず、次第に上司らと対立し、集団的に苛められていると認識し、休職を経て解雇となりました（解雇有効）。

18-04　頻繁にミスを繰り返す部下へ、２人の上司の厳しい叱責が指導の範囲内とされた事例

〈概要〉頻繁なミスを繰り返し、二人の上司による強い口調での厳しい叱責は、指導の範囲を逸脱しないとされ、他方、自殺した社員に対する銀行の安全配慮義務違反が認定された事例。

〈平成 30.07.09　徳島地裁判決　Ｕ銀行パワハラ叱責事件〉

1 　原告太郎が、ハラスメントとして主張した事実

　　Ｇ主査は強い口調で、「ここのとこって前も注意したでな、確認せんかったん。どこ見たん」と叱責し、Ｈ主査も、Ｇ主査同様に、強い口調で、「何回も言うよな。マニュアルをキチンと見ながらしたら、こんなミス起こる訳がない。キチンとマニュアルを見ながら、時間がかかってもいいから。あと、作成した書類については、蛍光ペンで自分でセルフチェックを必ずしてください。見たつもりにならないように、キチンと見たところを一文字一文字マーカーでチェックしてからだしてえな。」などと叱責していました。

2 　上司が、部下のミスを指摘し改善を求めることは、社内ルールであり、叱責が日常的に継続したのはミスが頻繁であったためで、Ｇ主査やＨ主査らの叱責発言には、人格的非難に及ぶものものはなく、主査両名の一連の叱責が、業務上の指導の範囲を逸脱し、社会通念上違法なものであったとは認められない。しかしながら、銀行は太郎の自殺は予見し得たことから、銀行には安全配慮義務違反の損害賠償責任が認められるとして、慰謝料 2000 万円、逸失利益 3582 万円余、弁護士費用 560 万円の支払いが命じられました。

21-01　高卒バスガイドが運転手と情交し妊娠中絶、営業所長らが退職届の提出強要をした事例

〈概要〉バスガイドが女子寮アパートの一室に居住する同僚運転手と情交関係。上司の退職願の提出要求が強要である不法行為とされ、ガイドの懲戒解雇は無効。供述の任意性を判示した参考事例。

〈昭和 48.10.26　広島高裁松江支部判決　Ｉ観光自己退職取消請求事件〉

1　昭和 40 年 4 月に起きた事案です。当時の未婚男女の性的な倫理観に対する企業意識がもたらした会社の社会的信用を維持しようとする意識が、自主退職を求める根底にあったのです。

2　A 子は、昭和 40 年 3 月、旅客運送業を営む I 観光にバスガイドとして雇用され、同年 4 月 18 日（18 歳になったばかり）、同僚運転手の誘いで情交関係を生じて妊娠し、祖母が会社の従業員に対する監督不行届に抗議したことから、営業所長らが A 子を難詰し、懲戒解雇にならないうちに自発的に退職するよう強く求め、退職願を提出させました。

3　裁判所は、営業所長らの A 子を強迫して退職願を提出させた行為は、A 子の精神的自由を侵害する不法行為であり、当該行為は、被告会社の従業員の立場で職務遂行として行われたものであるから、被告会社は A 子に対し損害賠償責任があるとして、所長らが強迫を行った動機、態様、A 子の境遇、年齢、失業したことの苦痛のほか、A 子にも情交関係を継続し妊娠中絶の挙にでた点で非難は免れないとし、その後 A 子が第三者と結婚し家庭生活を営んでいることなど一切の事情を総合し、慰謝料 10 万円の支払いを命じました。

21-02　取引先部長の依頼で、賃借住居の明渡しを長期間執拗に求めて、私事に介入した事例

〈概要〉得意先の幹部が所有する賃貸住宅に住居する部下に対し、上司が明け渡すよう執拗に説得。判決は、私的問題へ上司が関与し得る限度を説示し、関与の度合により不法行為を認定した事例。

〈平成 02.05.29　横浜地裁判決　D 社パワハラ強要事件〉

1　被告会社の社員である太郎は、被告会社が取引をしている総合商社 M 物産の部長が所有する建物を賃借して居住していました。部長が太郎に建物の明け渡しを求めたところ、太郎が拒絶したため、部長は取引先である被告会社に太郎の明け渡しの説得を依頼しました。

2　被告会社の乙山専務が説得を試みましたが効を奏さず、太郎の直属上司の麦埜は、左遷を仄めかしながら明け渡しを強く説得しましたが、太郎はこれにも応じず、その後、被告会社の人事部長の米埜や人事部員らが 10 数回説得を続ける中で、米埜は太郎が会社の借上げ社宅を無断で退去しながら、住宅費の補助を受けていることを糾問し、明け渡し問題に触れ、明け渡しを強く勧めましたが話は進展せず、米埜の太郎への接触はそこで終わりました。麦埜はその後、前後 8 回にわたって、社宅の無断退去、住居費の不正取得問題を絡め、人事上の不利益取扱いを示唆しながら、太郎に対して執拗に賃借建物の明け渡しを強く迫りました。

3　裁判所は、会社における優越的地位を利用して、家主との話合いや明け渡しを執拗に求めることは、部下の私的な問題の自己決定権を侵害する不法行為であるとして、麦埜の行為は違法行為であるとし、米埜については、説得の回数、態様などから、未だ許される説得の範囲を逸脱したとはいえず、麦埜の行為が違法行為となる

ことの予見がないから、麦埜との共謀による不法行為責任を肯定できないとし、被告会社の使用者責任につき 30 万円の慰謝料の支払いを命じました。

21-03　本社工場の移転に際し、転勤義務があるかのように誤信させ、自己退職を強要した事例

〈**概要**〉本社工場の移転に際して、転勤義務のない現地工場採用者に転勤義務があるように誤信させ、嫌がらせ等により自主退職をさせ、退職金の差額、逸失利益、慰謝料請求が認められた事例。

〈平成 11.06.15　水戸地裁下妻支部判決　エフ社パワハラ強要行為事件〉

1　会社は、茨城県にある工場の現地採用の従業員に対し、本社工場の広島県への移転に伴い、遠隔地配転を強要し、転勤できない者については自主退職するように仕向けました。

2　製造部長は、「転勤に応じられなければ、年内に辞めろ、自己都合で退職届を出せ」と迫り、「他の方法は一切検討していない。就業規則上は、転勤命令を出して 14 日以内に行かなければ懲戒免職である」と明言し、「どうしても行けないなら、自己都合で辞めるしかない。今までそうしてきた」と述べ、水戸地裁下妻支部に配転効力停止の仮処分の申請が出されると態度を一変して、「転勤命令は未だ出していない。転勤に応じないことを理由に退職を求めたり、解雇することは考えていない」と、大きく異なる不誠実な説明に転じました。

3　裁判所は、上記認定の下に、「就業規則による転勤義務がないにもかかわらず、転勤義務があるかのように誤信させ、義務のない退職届を提出させ、社員の人格、名誉を傷つける等、虚偽、弾圧的言動、執拗な退職強要・嫌がらせによって退職させた」とし、「意思に反して退職させられない権利」を侵害したものであるから、債務不履行ないし不法行為に基づく損害賠償としての慰謝料（別紙）と 6 月分賃金の支払いを命じました。

21-04　労災休業の復帰訓練の不合格を繰り返す社員に、執拗・屈辱的な退職勧奨に及んだ事例

〈**概要**〉労災による職場復帰が遅延、長期化し、復帰訓練不合格を繰り返し、複数管理職らによる 4 か月間に 30 数回、長時間に及ぶ屈辱的言動を含む退職勧奨は不法行為。解雇権の濫用を認定。

〈平成 11.10.18　大阪地裁判決　全 N 空輸パワハラ強要行為事件〉

1　原告花子は、平成 3 年 4 月 18 日、交通事故に遭遇して業務上負傷し、労災休業、有給休暇、休職を経て、平成 7 年 7 月 6 日付けで復帰し、復帰者訓練を受けたところ不合格となり、さらに 2 回目、3 回目の復帰者訓練でも不合格となりました。
　　被告会社では、平成 6 年 10 月頃から花子の復職への対応を始めていたが、花子

は積極的に対応せず、次第に頑なな態度に傾き、担当者は、平成7年5月頃から退職を示唆し、退職を求めるようになり、上記復職となった後も退職勧奨はさらに激しく継続しました。

2　上記退職勧奨は、上司らが、入れ替わり立ち替わって平成7年5月から同年9月まで継続し、多様な侮辱的な言葉を浴びせ、7月7日には、訓練から帰った職場事務所で、約4時間に及ぶ長時間の屈辱的な言辞による退職勧奨が行われました。

3　裁判所は、花子への退職勧奨について、「頻度、時間、言動内容について、社会通念上、許容し得る範囲を超え、単なる退職勧奨とはいえず、違法な退職強要として不法行為となる」と判示し、花子の精神的苦痛に対する慰謝料として、50万円の支払いを命じました。

21-05　能力がなく、暴言・罵倒・威嚇・暴行等で退職を強要され、暴言等の差止請求に及んだ事例

〈**概　要**〉自主退職の強要を目的とした暴言・罵倒・威嚇、暴行、追尾監視などの人格権侵害を理由とするそれらの差止め請求が、暴言等の内容・態様、頻度回数等に鑑み、請求棄却とされた事案。

〈平成11.11.12　東京地裁判決　N谷商事パワハラ強要行為仮処分事件〉

1　この事案は、花子に対し、被告会社が退職強要を目的に、暴言・罵倒・威嚇、暴行、追尾監視を行い、花子が、人格権を侵害されたとして、当該行為の差止め請求をした事案です。

2　被告会社は、「花子が主張する退職強要をした事実はなく、成績ゼロは営業の不熱心を物語っている…給料分の売上を上げるよう述べたことは至極当然であり、花子は当該行為を嫌がらせと称しているに過ぎない」と、上記の事実を否定しました。

3　裁判所は、花子が主張する事実の存否及び被告会社の主張の当否については判断をしないで、「人格権に基づく差止め請求」の要件について判示し、最後に、次のように述べて、花子の請求を棄却しました。

「仮に、退職強要が事実と認められ、花子のいう侵害行為が全て事実と認められても、花子が主張する被告らの行為だけでは、今後も、被告らの行為の反復継続により、花子の身体や精神に、何らかの障害発生の予想をするには足りないから、仮に、花子に対し、前記暴言・罵倒・威嚇、暴行、尾行監視などを被告らが行っていたとしても、それら侵害行為が、花子の生命、身体という人格的利益を侵害するおそれのあるものということはできない。」

21-06　03の控訴審　本社工場移転に伴う転勤義務を肯定し、退職強要の主張が否定された事例

〈**概　要**〉就業規則で転勤義務があるように誤信させ自己退職させたとして、嫌がらせを認定した第一審判断を覆し、転勤義務を認め、退職強要・嫌がらせの主張を否定した控

訴審の判断。

〈平成 12.05.24　東京高裁判決　エフ社パワハラ強要行為控訴事件〉

1　21-03 の控訴審です。控訴審では、原告らの転勤義務が認定され、結論は第一審と正反対となりました。ここでは、裁判所の判断部分を次に掲載します。

2　　原告らの転勤は、経営合理化の一環として関東工場の分社化で生ずる余剰人員の雇用を確保しつつ、本社工場の要員確保のための組織全体で行われた人事異動の一環であり、被告会社の経営環境に照らし合理的なものと認められる。

　　そして、原告らを転勤要員として選定した過程に格別不当な点はない。確かに、関東工場近隣に住居を有し、その工場に採用された原告らが福山市への転勤は、容易に受け入れ難い各人の事情は理解できるが、勤務先を関東工場に限定して採用された経緯はなく、就業規則にも、「会社は業務上必要あるときは転勤等を命ずることがあり、社員は正当な理由なくして拒めない」との規定が明示され、原告らもこれを承知して勤務してきたものと認められ、転勤に応じられない個別事情自体は、転勤拒否を正当とする理由に当たるとはいえない。

3　判決は、転勤要員の人選・転勤期間、転勤実施の会社の対応について人事権の行使として違法・不当な点はないとし、嫌がらせの主張をも退け、会社の控訴理由を肯定しました。

21-07　能力に欠陥があり、マネージャーが頻繁に自主退職を求めた事例

〈**概要**〉退職勧奨の適法要件・退職勧奨の違法性を判示し、会社の使用者責任を認めた事例で、上司による面談会話が再現され、人事担当者の退職勧奨に参考性の高い情報を提供する事例。

〈平成 23.10.31　東京地裁判決　Ｎ航空会社パワハラ強要行為事件〉

1　退職勧奨に係る面談は、平成 21 年 5 月中旬、同月 26 日、同月末ないし翌 6 月中旬、同年 7 月中旬、9 月 14 日、翌 15 日と断続的に継続しましたが、この過程で花子は、同年 9 月 5 日、客室乗務部マネージャーの春子宛の書面において、「勤務を継続し、自ら退職する意思のない」ことを明らかにしました。

2　　裁判所は、各面談の内容を認定した上で、同年 9 月 14 日及び翌 15 日を除く、それまでの面談には不法行為を認められないとしましたが、14 日・15 日の面談について、①何時まで会社にしがみつくつもりなのか、②辞めていただくのが筋です、③懲戒免職になった方がいいんですか、と懲戒免職の可能性を示唆するなどした当該言動は、社会通念上相当と認められる範囲を逸脱した違法な退職勧奨と認めるのが相当であると判示しました。

3　　そして、裁判所は、マネージャーの春子の上記言動は、被告会社の事業の執行に関するものあるとして、使用者責任に基づき、花子の精神的苦痛を慰謝するための慰謝料 20 万円の支払いを命じました。

21-08　警察職員の資質に問題があるとして、暴言・暴行、誓約書強要など依願退職を求めた事例

〈**概　要**〉採用後の勤務態度などから、幹部職員等が復職を拒み、依願退職届を提出させるため、各種各様のイジメを展開した退職強要行為に不法行為の成立を認め、損害賠償責任を認定した事例。

〈平成20.11.26　東京地裁判決　K庁パワハラ強要行為事件〉

1　この事案は、K庁○○水上警察署に「海技職員」として勤務する「太郎」に対し、同警察署の幹部が、太郎は警察署勤務に耐えられないと判断し、自主的に退職するよう暴言・暴行等を繰り返し、依願退職願の提出を強要した事案です。

2　裁判所が認定した平成15年9月11日、12日の松埜課長らの言動

①　休職に関する診断書に関し、「この野郎ぶっ飛ばすぞ、この野郎」と怒鳴り、

②　辞表提出を拒んだ際に、「もうあれだぞ、強制的に書かせるからな」と言い、

③　「昼休みだからお前相手にしてるんだよ、仕事一杯溜まっているんだよ」などと言った。

④　辞表提出に応じないのに腹を立て、「野郎、てめえ、おちょくってんのか、俺を」と怒鳴り、太郎のネクタイを引っ張り、「止めてください。首、痛いっすよ」と言いながら転倒した太郎に、「この野郎、おちょくってんじゃねえ。立て、この野郎」と言った。太郎は、この転倒で、加療約1週間の後頭部打撲、頭部擦過傷の傷害を負った。

⑤　竹埜代理は、「首根っこを掴まれるだけじゃすまねえぞ、辞表を書いて行け」と言った。

3　裁判所は、上記に続く同年10月24日、同年11月11、12日、同月27日、同年12月の数日間における上司らの嫌がらせ言動を認定した上、退職勧奨の在り方を示し、太郎に対する不法行為を認定し、東京都に対し、慰謝料270万円、診察料等7770円の支払いを命じました。

21-09　試用期間中に習熟せず、丁寧に指導するも改善せず、試用期間を残し解雇に及んだ事例

〈**概　要**〉病院勤務の試用期間中の職員が、丁寧な指導を受けるも作業ミスが多く、採用取消となったため、退職強要やパワハラを主張。解雇は無効。他方、退職強要などパワハラは否定された。

〈平成21.10.15　東京地裁判決　医療法人財団KW会パワハラ強要行為事件〉

1　この事案は、原則1か月間の試用期間がパソコン未経験のために3か月に設定され、実務に即した丁寧な指導を受けたものの、習熟度が上がらず、試用期間中に設定された2回の面談などで、退職強要やパワハラを受けたと感じて解雇後に損害賠償を請求した事案です。

2　裁判所は、医療事故に言及し、「時には厳しく指摘指導し、厳しい物言いをした

ことが認められるが、生命・健康を預かる職場の管理職が医療の現場において、当然なすべき業務上の指導の範囲内に止まる」として、退職強要、安全配慮義務違反、不法行為を構成するようなパワハラ行為はなかったと判示し、他方、試用期間を20日程度残したまま解雇したことについては、残り期間で常勤職員の水準に達する可能性があるにもかかわらず、試用期間中の解雇としては、客観的に合理的な理由を有し、社会通念上相当であるということはできず、解雇の時期を誤ったものと言うべく、本件解雇は無効であると判示しました。

21-10　08の控訴審　依願退職目的の18項目の暴言等につき、個別に不法行為と判断した事例

〈概要〉警視庁職員に不適格であるとして、各種のイジメを展開、第一審では、「全体として不法行為を構成する」と判決。控訴審では、18項目の個々について不法行為該当性を判断した事例。

〈平成22.01.21　東京高裁判決　K庁パワハラ強要行為事件〉

1　この事案は、K庁海技職員として採用された原告が、警備艇の操縦に自信がないとして拒否したり、休暇取得や休職をした経緯などからから、幹部職員たちが、原告に対し、自主退職をするよう各種各様のイジメ・嫌がらせ行為を展開しました。

　　第一審では、「多様な行為について、個々的にみれば、損害賠償責任を生じさせるほどの違法性を帯びたものとは断じがたいものも存しているとはいえ、これらを含めて全体として原告に対する不法行為を構成するものと認めるのが相当である」と判決しましたが、この控訴審では、18個の行為の個々について、不法行為に該当するかどうかを判決し、結果として、不法行為と認定した行為について損害賠償を命じました。

　　控訴審が不法行為と認定した事実は、①太郎に係るポスターの掲示、②シンナー等の吹きかけ、③ロッカーへのシンナーの撒布、④害悪の告知、⑤辞職を仕向ける行為、⑥拡声器での名誉毀損的行為、⑦太郎に対する嫌悪感を示し、⑧火の付いたタバコの投げつけ、⑨警備艇の急旋回などです。

2　また、第一審が認定した慰謝料額270万円を150万円に減額し、太郎の診察料と文書料7770円については、不法行為と相当因果関係のある損害とは認められないと判示しました。

21-11　都立高校卒業式での職務命令違反を理由に、定年後の再雇用の申請を不合格とした事例

〈概要〉都立高校卒業式で国歌の起立斉唱の職務命令を拒み、戒告処分を受けた教員の定年後の再任用の不合格措置につき、職務命令は、特定の思想の強制又は禁止ではないとされた事例。

〈平成23.05.30　最高裁第二小法廷判決　東京都教育委員会パワハラ強要行為事件〉

1　東京都教育委員会は、平成16年3月の都立高等学校の卒業式で、国歌の起立斉唱を行わなかった教員を地方公務員法による戒告処分とし、その後、その教員は、平成19年3月の定年退職に先立ち、定年退職後の非常勤職員としての再任用を申請しましたが、同教育委員会は、上記の国歌斉唱の際の不起立行為は、職務命令違反の非違行為であるとして不合格としました。

2　第一審東京地裁は、起立斉唱の職務命令は、当該教員の思想良心の自由を侵害するものではないが、懲戒処分として非行の程度が低い戒告処分を理由に、再任用の申請を不合格とするのは著しく相当性を欠くとして、東京都に国家賠償法に基づく損害賠償を命じ、これに対し、控訴審の東京高裁は、第一審判決を取り消し、不合格処分を適法としました。

　　上告を受けた最高裁は、国旗の掲揚及び国歌の斉唱は、公立高校で広く行われている式典における慣例上の儀礼的な所作であり、国歌の起立斉唱を命ずる旨の職務命令は、その教員の歴史観や世界観を否定するものではなく、外部から、その教員の特定の思想及びこれに反する思想の表明として一般に認識されるものではなく、本件職務命令は、特定の思想の強制、あるいは、これに反する思想を禁止するものではなく、さらに、特定の思想の有無について告白を強要するものではないと裁判官全員一致で判決し、東京都の不任用処分は有効とされました。

21-12　監督官庁のヒアリングで、組織の方針に反した言動により自主退職の強要に及んだ事例

〈概要〉監督官庁のヒアリングで、独自に作成した資料を提示し、組織の方針と異なる意見を述べた職員に対する、自主退職を企図した名誉感情を毀損し侮辱する言動に不法行為を認定した事例。

〈平成30.03.29　東京地裁判決　A住宅協会パワハラ強要行為事件〉

1　この事案は、厚生年金の積立金を原資として住宅ローンの融資を行う、一般社団法人（「協会」）に対する厚生労働省の現地ヒアリングで、協会職員の太郎が、法人の方針に反する意見を述べ、独自作成の資料を提示したため、協会が自主退職を求める過程で生じた問題です。

2　自主退職を求める被告乙山の発言
　①　自分の身の振り方を考えてください。返事してくださいよ、返事してくださいよ。
　②　これ、業務命令ですよ、返事がないの、業務命令違反になっちゃうよ。
　③　働けないという前提で、どうしますか、
という侮辱的・威圧的な言辞を繰り返し用いて退職を強要しようとするものといわざるを得ず、少なくとも、名誉感情を害するものであって、職場における部下に対する発言として、社会通念上許される限度を超える侮辱行為であるというべきであるから、太郎の人格的利益を侵害する不法行為に当たるというべきである

3　被告丙川も、上記被告乙山同様の侮辱的・威圧的な言辞を浴びせており、人格的

利益を侵害する不法行為に当たるとして、被告乙山は 40 万円、被告丙川は 10 万円、被告協会は 50 万円につき、それぞれ連帯で支払いを命じられました。

21-13　課長を辞めろと罵倒され、退職願の提出後、その撤回申出を拒んで、退職に至らせた事例

〈**概要**〉社員の手違い、不用意な退職の申出により代表者に不信感が募り（推定）、会議で罵倒し、長時間叱責し、社員への不信感？により退職願の撤回の申出を拒否して退職に至らせた事例。

〈平成 30.05.25　東京地裁判決　B社パワハラ強要行為事件〉

1　課長職の太郎は、休暇中に代表者からの電話にすぐ応答しなかったことから、「休暇を取得したいのなら課長を辞めろ」と罵倒されて退職の申出をし、その後、それを撤回したものの代表者は撤回を許すとは言明せず、結果的には勤務を継続するうち、うつ病を発症したため、所轄労基署長に対し、労災補償を請求したところ労基署長が不支給の決定をしたため、その取消を求めて行政訴訟を提起しました。

2　裁判所は、訴訟の目的の不支給決定の取消請求について、太郎のうつ病が発症前6か月間において、業務による強い心理的負荷が認められるかどうか、という精神障害の認定基準に基づいて、乙山代表から会議において名指しで受けた罵倒や、上記1の休暇に関する代表者の罵倒発言、これによる退職の申出、退職申出撤回の申入れ、代表者の撤回申入れの拒絶、その後の出向を経てうつ病の診断、休職、期間満了による退職について、太郎に生じた出来事、会議での暴言、異動、退職強要などから、業務起因性を認定しました。

21-14　美術館長の姪の双子の姉妹が、学芸員に非常識等々の侮辱的な退職勧奨に及んだ事例

〈**概要**〉美術館勤務の 38 歳の双子の姉妹が、叔父館長の下で、3 歳年下の女性学芸員に対する有給休暇の申請や些細なことを非難した行為に、姉妹と叔父館長の侮辱言動の違法な退職勧奨を認定。

〈平成 30.09.13　名古屋高裁判決　G報恩会パワハラ強要行為事件〉

1　この事案は、美術館の館長の双子の姪が、3 歳年下の学芸員に年休申請や些細なことを非難し、館長とともに侮辱的な言動により退職を強要した事案です。

2　被告らの侮辱的発言を次に列挙しました。

　①　「共に働くのが難しい」とか、「信頼関係を破壊し信頼関係ゼロになった」と発言し、

　②　「非常識」、「社会人として非常識で、私はあなたに信頼を失いました」と発言し、

　③　「そういったことがあなたの性格で、これが直らないなら、多分、ここでの仕事は、長続きしないだろう」と発言し、指示した仕事に関して、

④　「これでは駄目ですね」、「ここではあなたにお願いする仕事はありませんよ」
　　などと発言しました。
3　裁判所は、館長と二人の姉妹に民法第719条の共同不法行為※を認定し、被告
　　会社には使用者責任を認定し、連帯して慰謝料60万円の支払いを命じました。
※　共同不法行為：　複数人による加害行為について、各人それぞれが自己の行為に
　　係る分の責任を負うのではなく、複数人によって生じた損害の全部について各人が
　　責任を行うこととなる。

22-01　タクシー会社の主任が、乗務員から虚偽の他社就業を批判され、顔面殴打に及んだ事例

〈概要〉タクシー会社の乗務員が、無断で職場を離脱したため、就業規則の学習を命じられた際に、乗務員が立ち会いの主任に対し、「他社で勤務」していたと批判し、激高した主任が顔面を殴打。

〈昭和59.03.06　福岡地裁小倉支部判決　M第一交通パワハラ暴行事件〉

1　タクシー会社の乗務員で労働組合の書記長である西山が無断で職場を離れ、労働
　　組合の会議に出席したため、部長が就業規則を理解させようとして、部長と副部長、
　　主任らが立ち会いの下に就業規則の学習を命じました。このとき、西山乗務員が、「主
　　任が他社のタクシーに乗務していた」と非難し、それを否定する主任と口論になっ
　　たところで、部長は、就業規則の学習を続行するよう指示し、所用で退席しました。
2　その後、西山乗務員は「この目で見た」と強弁し、自分の主張を蒸し返したため、
　　主任が激高して、西山乗務員の左顔面を殴打し、安静5日間の打撲傷を負わせまし
　　た。
3　西山乗務員の指摘は虚偽だったことから、出勤停止の処分を受け、主任は責任を
　　感じて退職届を提出しましたが、会社は、暴力行為の問題性を考慮して諭旨退職と
　　しました。
4　裁判所は、西山乗務員への暴力行為は民法第709条の不法行為に該当するとし
　　て、主任に対し、慰謝料3万円、休業損害36,050円を認定した上、暴力行為の原
　　因は西山乗務員の虚偽の言い掛かりであるとして、損害額の40パーセントを過失
　　相殺（減額）しました。

22-02　航空会社が大幅赤字の解消のため、希望退職届の提出を強要、多様な暴行に及んだ事例

〈概要〉管理者らが希望退職届の提出要求に反抗し、会社批判を繰り返す社員に対し、
　　複数で罵声を浴びせ、机に落書きをし、顔面を殴るなど、長期間にわたり多様な暴力的
　　イジメを繰返した事例。

〈平成08.03.27　東京高裁判決　A航空パワハラ暴行控訴事件〉

1　A航空では、大幅赤字解消策として希望退職者を募集し、勤務成績や技能が劣っていた春子が退職勧奨の対象者となり、日本支社では、旅客部長、旅客課長補佐、課長代理や主任などが、連日、入れ替わり立ち替わって、春子に対し、希望退職届の提出を要求しました。

　　春子は、「会社再建策は偽物だ、組合執行部は会社とグルになって仲間のクビをきるのか」などと公言し、他の職員らとしばしば口論になるなど、同僚からも遊離していました。

2　組合の中央執行委員で旅客課の課長補佐らは、春子に退職届の提出を迫り、
　①　「辞めろ」と怒鳴り、「あかダニ」と罵声を浴びせ、机に「春子一家自殺？」と落書きをし、
　②　春子の顔面を殴り、後頭部を棚に押し付け、主任は首を数回殴り、
　③　課長代理は春子の顔面を数回殴り、梅野は春子の大腿部を数回蹴り、ゴミバケツを頭からかぶせようとし、「辞めてけ」と怒鳴るなどし、
　④　さらに、後頭部打撲傷により意識混濁、一過性健忘症、右上肢の痺れ感等を与えた。

3　旅客部長は、春子にレポートの作成を命じ、遺失物係に配置換えして実質的に仕事を与えず、さらに、乙山らは春子に統計業務を命じました。

4　裁判所は、①暴力行為につき被告会社及び関与した社員に対し連帯して230万円、②仕事差別につき被告会社及び成田支社長に対し連帯して100万円の支払いを命じました。

22-03　男性社員が、相性の悪い女性社員の命令口調に応じて口論、顔面殴打に及んだ事例

〈**概要**〉同年齢で社歴の長い女性社員と男性社員との人間関係悪化が背景誘因。女性社員の命令口調に立腹して口論、男性社員が女性社員の顔面を殴打。被害感情が増幅し治療が長期化した事例。

〈平成14.08.29　大阪高裁判決　A航測パワハラ暴行控訴事件〉

1　4年4か月程社歴が長い女性社員と男性社員とは人間関係が良好でなく、女性社員の命令口調をきっかけに口論となり、男性社員は女性社員の左顔面を殴打しました。

2　女性社員は、顔面挫創、頸部捻挫、頭部外傷などを受傷し、その後曲折を経て「仲直り」をしたものの痛みが持続し、程なくして男性社員に謝罪を要求するようになりました。

3　その後、訴訟が提起され、裁判所は、前記「仲直り」は暴行による損害賠償請求を全く行わないという趣旨の「和解」とは認められないとして、民法第709条の不法行為を認定し、加害男性社員に対し、治療費194万円余、慰謝料80万円の支払いを命じました。

　　また、暴行の原因が業務にあるとして、会社に対し、民法第715条の使用者責

任に基づき、男性社員と連帯して前記金額の支払いを命じました。

22-04　互いに不快感持ち、副班長に班員が口答え、副班長が激高して、顔面殴打に及んだ事例

〈**概 要**〉班長の指示に班員が口答えをして、班長が激高し、班員の顔面を殴打して右眼失明、以前から悪かった左眼も失明し、9項目の損害賠償項目に係る過失・損益相殺等など参考性高い事例。

〈平成 14.08.30　大阪地裁判決　O市シルバーパワハラ暴行事件〉

1　副班長は、班員の海野が作業が遅く、仲良し仲間と話し込んで作業が遅れがちだと思っており、海野に、「トイレの清掃は終わっているか」と尋ねた際に、海野が「トイレ清掃は終わっている」と答えたので、次に、キリン舎と象舎の前のゴミの清掃を指示したところ、海野は、「今やっているところも多くの観客が通るから、キリン舎、象社舎開園時間に間に合わせればいい」と答えたことから激高し、海野の右目付近を拳で1回殴打しました。
　　海野は、大阪赤十字病院に入院し、4回の手術を受けた後退院しました。
2　裁判所は、シルバーセンターと作業員との間には、実質的な指揮監督関係があったとして、使用者責任を認定し、①医療費43万7050円、②文書料1万2600円、③入院雑費11万7000円、④慰謝料150万円、⑤後遺障害慰謝料819万円、⑥休業損害37万1200円、⑦逸失利益254万3685円を認定し、これに過失相殺30パーセント、損益相殺417万円余（保険会社からシルバー保険の保険金357万円と副班長からの賠償金の内金60万円の充当）を施し、⑧弁護士費用50万円を加えて、総額555万円余の支払いを命じました。

22-05　左腕を掴んで引っ張り擦過傷を与え、炎天下、1m四方の枠内で監視業務を命じた事例

〈**概 要**〉JR工場内の踏切の横断を目視した役職者が、事実上許された横断であることを知らず、指導が必要と考えて暴力的な行為に及び、別途命じた過酷な作業に違法性が認定された例。

〈平成 15.03.27　大阪高裁判決　JR工場パワハラ暴行控訴事件〉

1　工場内の踏切で貨車の進行を知らせる警報が鳴っていたところ、春山と夏山らは操車の担当者が渡ってよいと指示しているのを確認して踏切を横断したところ、その事情を知らなかった総務科長が「渡るな」と注意したことから、総務科長と春山らは言い争いとなり、総務科長が春山を事務所に同行させようとして、春山の左腕を掴んで引っ張り、左腕に擦過傷を与えました。これにより、総務科長は、京都支社長から口頭注意を受けました。
2　8月1日午後と2日の終日、春山と夏山は、西山係長の指示で、踏切両側の1メー

トル四方の白線囲いの中で、踏切横断者の一時停止と指差し呼称の監視業務を命じられました。その業務は、夏季の高温下で心身共に過酷な業務あったことから、春山は、気温を測定しようと同僚に依頼して温度計を持って来させた。その報告を受けた助役が、春山に確認したところ、春山は所持していないと返答したため、ＪＲ西日本は、春山を訓戒処分にしました。

3　裁判所は、上記1の「嫌がる春山の腕を掴んで引っ張った」行為を暴力行為として違法とし、慰謝料は5万円が相当であるとし、上記2の炎天下の過酷な作業に係る慰謝料は15万円が相当であるとして、被告会社に使用者責任に基づき、支払いを命じました。

22-06　逆パワハラ？　次第に厳しく叱責する上司に殺意、残業中、殴打絞首して殺害した事例

〈概要〉能力があるのにやる気のない部下に厳しく指導、部下に異動内示。部下は、その異動は上司の評価のせいだと憎悪を募らせ、残業中の上司を殴打絞殺。組織の人間管理の在り方を示唆。

〈平成18.07.18　和歌山地裁判決　陸上自衛隊パワハラ殺害事件〉

1　A隊長は、山川は能力がありながら仕事をしようとせず、協調性がないなど問題があると常々思っており、直属上司の海山が再三注意、指導していたことも認識していました。

　　上司の海山は、成績が優秀で責任感が強く、上官として山川の着任当初は親切丁寧に助言、指導をしていたところ、山川が何度も同じような失敗や単純ミスを繰り返したり、平気で虚偽の報告をしていたため、次第に厳しく指導し、叱責するようになりました。

2　そのような中、着任1年足らずの山川に異動の内示がありました。陸上自衛隊では、1年足らずで異動となるのは不名誉な行為をした者などであったことから、異動は、海山の差し金だと邪推して殺害を決意し、残業中の海山を金槌で殴り、針金で首を絞めて殺害しました。

3　裁判所は、A隊長は、内示後の山川の行動の変化を十分認識し得たのであり、効果的な対応を取れば、山川の犯行を防ぐことができ、被告国も、本件犯行の予見が不可能であったとはいえないから、民法第715条の使用者責任を免れることはできないと判示し、総額93,367,480円を認定し、損益相殺を施して、6271万円余を算定し、弁護士費用400万円を加えた額の支払いを命じました。

22-07　次長が店長の怠慢を日誌で指摘、店長が激高して暴行、部長が脅迫的言動に及んだ事例

〈概要〉店長の怠慢を次長が連絡日誌で指摘、激怒した店長が次長の胸ぐらを掴んで頭や背をロッカーに打ち付け、次長は妄想性障害発症。後日、本社部長の怒声で救急搬送。

療養が長期化した事例。

〈平成18.09.29 名古屋地裁判決 U販売パワハラ暴行事件〉

1　平成10年11月17日、次長（海野）が、従業員が閲覧する業務日誌に、店長の仕事上の不備を指摘し、「処理しておきましたが、どういうことですか、反省してください。海野」と書き添えました。

　　これを見た店長は、次長を休憩室に呼び出し、「これどういうこと、感情的になっていただけやろ」と説明を求めたところ、次長は、「事実を書いただけ、2回目でしょう、どうしようもない人だな」と鼻で笑う（冷笑）仕草を示しました。

　　憤激した店長は、上記〈概要〉の暴行に及び、次長は、救急搬送となりました。

2　平成13年7月30日、海野は、本社の管理部長に2時間以上の長電話で、店長の暴行事件に関する社内調査の報告書の開示を求めたところ、管理部長は、「いい加減にせいよ、お前、おー、何考えているんか、こりゃあ、ぶち殺そうか、お前、調子に乗るなよ、お前」と声を荒げ、この後、海野は、母親に付き添われて救急搬送されました。

3　判決では、海野は、妄想性障害に罹患し、その症状を長期間に渡って維持、増減させてきたもので、会社が、今後、鑑定意見に沿って処遇すれば、平成20年の年末頃には治癒するとの見方を示した上、会社の使用者責任を認定し、①治療費・入院雑費11万円余、②休業損害1904万円余、③慰謝料500万円を認定し、素因減額として60％を減額し、労災補償の休業補償を損益相殺し、弁護士費用20万円を認定し、総額224万円余について、店長と管理部長の共同不法行為責任及び被告会社の使用者責任を認定して連帯による支払いを命じました。

22-08　日頃暴言癖の事務局長が、女性職員に「横から口調を出すな」と怒鳴り、暴行した事例

〈概要〉協同組合事務局長が部下に対し、日常的に大声で怒鳴りつけ、罵倒する中で暴行事件を発生させ、判決は、暴行事件の機序を詳しく検証、職員相互の相性など人間関係を学ぶ。

〈平成19.08.30 大阪地裁判決 T市不動産事業パワハラ暴行事件〉

1　日頃から同僚に暴言、罵詈雑言癖のある事務局長の岩男が、花子からの問いかけに、「横から口を出すな」と大声で怒鳴りつけ、花子が「気分が悪いので帰らせて貰います。総務部長に報告してください」と言ったところ、岩男は、花子の肩を小突き、「お前なんか二度と来るな。顔なんか見たくもない。帰れ、帰れ、目の前をウロウロしやがって、俺だって好きで事務局長になった訳じゃない。残業も出来ないくせに」などの暴言浴びせ掛け、花子が「早く早退の報告をしたら、本音を吐いたわね」と応じると、岩男は、激高して花子に走り寄り、その顔面に跳び蹴りをしようとしたところ、花子がそれを避けたため、花子の右腰から足にかけて当たり、花子はこの岩男の暴行によって負傷しました。

2　理事会では、岩男の一方的な暴行であって情状酌量の余地がないとして、諭旨免職を伝えたところ、岩男が期限までに退職届を提出しなかったため、懲戒解雇に処しました。

3　裁判所は、協同組合が岩男に行った懲戒解雇については解雇権の濫用に該当せず、解雇予告手当の請求には理由がないとし、タイムカードによって労働時間を算定し、未払割増賃金64万円余の支払いを命じました。

22-09　07の控訴審　店長の暴行及び部長の脅迫的言動で生じた精神疾患を詳細に判示した事例

〈 **概 要** 〉22-07の控訴審の参考部分のみ収録。①精神疾患につきPTSDを否定し、鑑定意見を採用して妄想性障害を認定し、②心因的要因による損害額につき、素因減額を維持した事例。

〈平成20.01.29　名古屋高裁判決　U販売パワハラ暴行控訴事件〉

1　この控訴審判決は、第一審判決を一部修正しつつ踏襲しました。控訴人海野が主張する

①　主治医の診断（ＰＴＳＤ）と鑑定（妄想性障害）の結果に対する疑問、

②　原告に生じた損害に対する訴因減額に関する判断について

詳細な判断を示し、参考性が高いと認められますので、その箇所について収録しました。

控訴審では、新たなパワーハラスメントは登場していません。

2　控訴審では、新たに文書料、治療費、転院交通費を認容し、通院交通費も増額し、休業損害も計算を改め、結果として損害額合計3046万7296円とし、素因減額については一審と同じく6割を減額して、損害額全体を1218万6918円と認定しました。

さらに、労災保険の休業補償給付を損害額から控除し、最終的には、損害を210万1876円としました。

23-01　課長、係長、主査のイジメ性格傾向か？　弱者をからかい、侮辱し、自殺に至らせた事例

〈 **概 要** 〉課長・係長・主査等が内気・無口な職員にイジメを繰り返し、入退院後に精神障害発症・自殺未遂を経て、イジメ上司を恨む遺書を残し縊首自殺。組織・課長等の安全配慮義務の懈怠を認定。「怨みの気持ちが忘れられない　3人の奴らを怨みながら死にます」

〈平成15.03.25　東京高裁判決　K市水道局パワハラ侮辱行為控訴事件〉

1　工業用水課には太郎を含め10人の職員が配置されていましたが、被告課長、被告係長、被告主査らを中心に職場の雰囲気が形成されていました。被告課長以下の

太郎に対する侮辱的発言を一部抜き出してみると、次のとおりです。

① 「何であんなのがここに来たんだよ」といった発言や、猥褻な揶揄いの言葉を浴びせ、

② 「むくみ麻原」、「ハルマゲドン」などと言って嘲笑し、

③ 「とんでもないのが来た。最初に断れば良かった。」、「顔が赤くなってきた。そろそろ泣き出すぞ。」、「課長のところに、辞めさせていただいて有り難うございますと来るぞ。」などと、A職員を職場に必要のない厄介者であるかのような発言をし、

④ ナイフを振り回しながら、「今日こそは刺してやる」と脅かすような発言をした。

2 太郎からいじめの訴えを聞いたB課長は、直ちに、事実の有無を積極的に調査し、速やかに善後策を講じるべきであったのに、これを怠り、いじめを防止するための職場環境の調整をしないまま、太郎の職場復帰のみを図った。

3 太郎は、平成8年4月2日、自宅物置で首を吊って自殺を図ったが父親に発見されて未遂に終わり、同月4日には自宅台所でガス自殺を図ったが母親に発見されて未遂に終わり、同月7日には大量の服薬をして救急搬送され、その後同年12月まで欠勤し、翌平成9年4月1日に縊首自殺しました。

4 市には国家賠償法上の損害賠償責任が認定され、被告課長と職員課長の安全配慮義務違反が認定され、太郎の逸失利益は5068万円余と算定され、両親の慰謝料はそれぞれに1200万円が認定され、太郎の心因的要素を考慮して7割が減じられ、弁護士費用として110万円が認定されました。

23-02 上司の粗暴な性格傾向か？　多様なイジメ侮辱・強要・恐喝などで自殺に至らせた事例

〈概要〉上司准看護師による最年少の准看護師へのイジメ行為、私事・家事をさせ、残業を強制、呼出して「死ねよ・殺す」等の強烈な侮辱的暴言、強要・恐喝など多様なイジメで自殺に至らせた事例。

〈平成16.09.24　さいたま地裁判決　K病院パワハラ侮辱事件〉

1 上司准看護師Xの部下A准看護師へのパワハラ行為の代表例を次に紹介します。

① 勤務時間終了後、Xの遊びに付き合わせ、Xの仕事が終わるまで帰宅を許さず、残業や休日勤務を強制し、Xの家の掃除、洗車、長男の世話など家事を強要し、風俗店やパチンコ店へ送迎させ、馬券の購入をさせ、恋人とデート中に用事もないのに病院に呼び出したりしました。

② 職員旅行の際の飲料代約9万円を負担させ、事務職の女性と性的な行為をさせて、これを撮影しようとしたり、仕事中、何かあると、「死ねよ」とか、「殺す」と言ったりしました。

③ Aの恋人に「僕らは酔っぱらって、Aに死ね、死ねと言っていた」などと言ったりしました。

④ その他交際相手、看護学校の同級生、母親が聞いたイジメが多数判決書に記載

されています。

2 Aは、自宅2階で電気コードで首を吊って自殺しているのを発見されました。

3 Xの不法行為につき慰謝料1000万円が認定され、病院の安全配慮義務違反、民法第715条の使用者責任に基づく損害賠償責任が認められ、慰謝料500万円が認定されました。

23-03 管理職ら多数が、特定の看護師を非難し、精神疾患を発症させ、不法行為が認定された事例

〈概要〉対立労働組合に加入したため、職員会議で複数の管理職から非難・糾弾され、精神疾患発症して休職に至る。PTSD罹患を否定するも慰謝料算定で斟酌。賃金等の請求をも認容した事例。

〈平成17.04.27 名古屋地裁判決 医療福祉施設パワハラ侮辱事件〉

1 この事件は、被告福祉施設に勤務する花子に対して、同施設職員の甲野ら数人が、職員会議で、集団・組織ぐるみで誹謗中傷し、その結果、花子が心的外傷後ストレス障害（PTSD）に罹患したとして、精神的損害の賠償を求める事案で、争点は、次のとおりです。

　① 被告施設の花子への不法行為責任又は使用者責任

　② 被告甲野ら数人の花子への不法行為責任（共同不法行為責任）及び慰謝料

　③ 花子の逸失利益としての月例賃金及び期末手当等の支払義務

2 花子に対する損害賠償責任

　(1) 精神疾患に罹患したことによる慰謝料としては、500万円が相当である。

　(2) 花子の月例給与相当額の損害は、労災保険による休業補償を控除し、平成15年1月1日から同17年1月31日までの間については合計5,126,392円、同年2月1日以降については、1か月425,029円であると認められる。

　(3) 期末手当・勤勉手当に相当する損害は、3,149,464円と認められる。

　(4) 花子のストレス耐性の弱さをもって、過失相殺をすることは許されない。

23-04 降格配転？に不満？ 後任者を揶揄・侮辱するメールを送信するも、解雇は無効となった事例

〈概要〉課長が配転後に、海外の取引先等に送信した後任部長を揶揄・誹謗するメールは、侮辱行為に該当するも、これを含む6項目の解雇事由は1年以上放置していたため、解雇は無効とされた。

〈平成19.09.18 東京地裁判決 K澤産業パワハラ侮辱解雇事件〉

1 語学に堪能な課長職が後任の部長職を揶揄し誹謗中傷するメールを発するなど9項目の解雇事由により解雇され、その効力を争った中に現れたパワハラです。一部を抽出してみます。

① 自分から、F社員やG社員に対し、A部長について、
「部下の折角の助言を聞き入れる度量すらない」、「おーい、日本語を送りつけて、どうするんだい？　英文も筋が通っておらず、説得力ゼロ、社会人1年生レベルですね〜」、「母国語が下手な人は、外国語も下手って、ほんとうなんですね」、「すごいコメントですね〜。続きを楽しみにしています！悪い見本に載りそうな勢いですね」と評するメールを送り、

② G社員から、C社員に挨拶されなかったとのメールを受けて、次の返信をした。
「それはすてき！1号（A部長）にそっくりなこと。きちんと、後継者を育てていらっしゃるのね」

2　上記は侮辱メールに該当すると認定されましたが、これを含む9項目中の6項目の問題行動については長らく不問に付されていたことから、解雇自体は無効と判決されました。

23-05 逆パワハラか？　契約社員が正社員を中傷するビラを組合や会社の上層部へ持ち込んだ事例

〈概要〉処遇改善・雇用継続を企図した（動機推定）契約社員が、上司を誹謗し中傷するビラを労働組合に持込み、更に会社の上層部にも送付、上司はうつ病に罹患し自殺に至った事案。

〈平成21.05.20　東京地裁判決　Oレストラン逆パワハラ侮辱労災事件〉

1　料理長春男のうつ病自殺が労災補償請求において、業務起因性がなく業務外と決定され、その取消を求める訴訟の中からパワハラに関する部分を抽出しました。

2　調理人の秋男は、その処遇に不満を持ち（推定）、料理長の春男が、
① 金庫から1万5000円を盗み平気で勤務しており、松埜支配人もこれを隠している。
② 部下の女性を尾行し、夜中に花束を持参して部屋を尋ねて口説き、女性は退職した。
③ 春男の部下らが、O百貨店の酒売場の倉庫からビールを盗み、春男らが飲んでいる。
④ 竹野チーフ（春男の部下）が、女性従業員と不適切な関係を持ったり、商品を駅長室に持ち込み、駅長から切符を貰ったりし、焼きソバを盗んでいる。
等の内容のビラを作成し、O百貨店の労働組合に持ち込みました。

3　料理長の春男は、その後、秋男の脅迫行為などにより、3月11日から4月22日までの間の15日間について、手帳に心境などを記載し、本社で面談の翌日の4月24日、雑木林で縊首自殺をしました。

23-06 同性社員の高額給与を妬み、女性社員が集団で侮辱的言動を展開、休職に至らせた事例

〈**概 要**〉大卒入社時の高度な業務も 10 年後には一般化し、一般女性社員と同様の業務に従事しながら給与は 1.5 倍のままで、一般女性社員の嫉妬が集団的イジメを誘発させ、休職に至らせた事例。

〈平成 22.06.23　大阪地裁判決　Ｆ社パワハラ侮辱労災請求事件〉

1　春子は大卒で入社し、パソコンの講師などを務め、給与は、同僚女性社員の 1.5 倍以上高かったところ、次第に同僚女性と同様の業務をするようになりましたが、給与は依然として高い水準が維持され、同僚女性の妬みから集団的なイジメを受けるようになりました。

2　同僚女性社員の集団的なイジメを一部抽出してみました。
　①　勉強会に参加し嫌みを言われ、次回勉強会をためらっていたら「いい加減な人」と言われた。
　②　パソコンを教えたお礼にケーキを貰ったら、「ケーキに吊られて仕事をする人」と言われた。
　③　会議の受付をしていた際に、女性社員から悪口を言われ、嫌がらせを受けた。
　④　春子の陰口が女性社員の間でＩＰメッセンジャーで飛び交い、そこでは春子の失敗談が取り上げられ、それを見た女性社員たちは、互いに冷笑し合っていた。

3　取引先での受付担当時に、同僚が春子の面前で他の社員に悪口を言ったため、春子は耐えられないと感じ、帰り際に課長に「明日から休む」と告げて、間もなく休職に入りました。

4　春子が休職に入った後、支社長が交替した際に、新支社長は、挨拶の中で、春子に対するイジメを踏まえ、「イジメのような、くだらないことがないように」と述べました。

5　裁判所は、春子の精神障害に業務起因性を認定し、労基署長の不支給決定を取り消しました。

24-01　就業態度に不満？　解雇予告を会議で説明、打合会で読上げ、違法行為を認定された事例

〈**概 要**〉解雇予告の公表は名誉毀損の不法行為に該当するも、解雇撤回後の配転は有効とし、名誉毀損の損害賠償額算定につき解雇撤回を斟酌。違法な公表行為のパワハラ性を学ぶ事例。

〈昭和 54.03.30　東京地裁判決　女子学院パワハラ名誉毀損事件〉

1　学院に勤務する女性職員に対する解雇予告通知書について、教員会議で公開した事実内容につき、裁判所は、女性職員には責められる非はないとして、次のように判示しました。

2　解雇予告通知書及びその公開の違法性
　1）本件解雇予告に係る事実は就業規則に該当せず、又は極めて軽微であり、本件解雇予告は権利の濫用として違法で、学院には過失があり、精神的損害を賠償す

る義務がある。
2) 学院長が、教員による「教育会議」の席上で、解雇予告を発したことを説明し、さらに、定例の事務打合会の席上で、事務長が本件解雇予告通知書を読み上げて発表したこと等は、被告学院の意向を受けたものと認められる。
3) 裁判所は、「事実と異なり、原告女性が誠実にその職務を遂行せず、学院の秩序又は職場規律を乱し、職員としての能力を欠き、懲戒免職を受けるべき事由があったとの印象を多数の学院職員に与えたもの」であるから、被告学院は、過失により、違法に女性職員の名誉を傷つけたというべきであると判示し、慰謝料は20万円が相当と認定しました。

24-02　所長を告訴し、横領への加担を疑い、全員の面前で不正加担を決めつけて糾弾した事例

〈概　要〉元所長の横領を告訴後、事務所に全員を集め、その面前で元所長の横領への加担を決め付けて糾問し、違法な自宅待機及び転勤命令を発し、退職願を提出させるに及んだ事例。

〈平成03.02.13　福岡地裁判決　K債権管理組合パワハラ名誉毀損事件〉

1　被告組合の代表者甲野は、元所長の乙野を警察署に告訴した後、福岡事務所でX社員を応接室に呼び入れ、乙野の後任の丙野とともに、Xに対し、「乙野から、お前小遣いを貰ったことがあるだろう。飲みに連れて行って貰っただろう」と問い糾した上、乙野が組合の資金を横領したことを告げ、Xに対し、「お前も共犯じゃないのか」と言い、これに対し、Xが強く否定すると、甲野は、「既に博多警察署に告訴しているので、乙野が当然自白するから、今のうちに自白しておいた方がいい」と告げ、その後、甲野は、当日、福岡事務所にいた従業員11名全員を事務所中央に集めて、約30分にわたって、乙野が横領したこと、及び乙野を告訴したことを説明し、「誰か共犯者がいないと、継続的なこういう犯罪は成り立たない。誰か共犯者がいる筈だ」と言った上で、Xに対し、如何にも決めつける言い方で、「X、お前、やっただろう」と言い、続いてYに対し、同様に決めつける言い方で、「Y、お前もだ」と言い、更に、「今、自分がやったということを正直に言えば、ここだけのことにして許してやる」と付け加えました。
2　裁判所は、甲野が多数人の面前で、それぞれ名指しで、断定的な表現で、「お前、やっただろう」などと発言した行為は、XやYの社会的評価を低下させ、その名誉を毀損した違法な行為で、不法行為を構成するとして、各慰謝料30万円の支払いを命じました。
　また、XやYへの自宅待機命令、配転命令、退職届の要求についても、業務命令権を濫用した違法行為であるとして、これら一連の行為の慰謝料につき各100万円の支払いを命じました。

24-03　町長が嘱託の雇止めを企図し、個別に侮辱的発言、委員会で名誉毀損発言に及んだ事例

〈**概要**〉町の嘱託職員への個別の雇止め通告は名誉毀損に該当せず、町議会の会議で、雇止めの理由を金銭的不正とする説明は名誉毀損に当たるとして、名誉毀損の法的要件を詳述した事例。

〈平成 18.05.25　東京高裁判決　Ｓ町パワハラ名誉毀損事件〉

1　議会運営委員会及び議員協議会における被告町長の発言

　　被告町長の発言は、温水プールの嘱託職員２人に金銭的な不正があったことから、それを原因として辞めてもらったことを内容とするものであり、この金銭的不正があったという事実の摘示は、人の信用という人格的価値に関する事項であり、一般的に人の社会的評価を低下させるものといえる。

　　議員運営委員会等における被告町長の発言は、温水プールの嘱託職員に不正があったというもので、いくらか抽象的な内容に止まってはいるものの、職員に辞めてもらうような不正があったことを内容としており、人の社会的評価を低下させるものと認められる。

2　町長発言は、違法性を阻却（否定）するか

　　裁判所は、町長の発言には、真実性の立証がなく、事実の確認や調査をした形跡もなく、確実な資料や証拠に基づく発言とも認められないから、公益を図る目的は認められないとして、慰謝料 30 万円の支払いを命じました。

24-04　２箇所の所長兼務で疲弊し支援なく、多数社員面前で無能呼ばわりし、自殺に至った事例

〈**概要**〉２つの事業所長を兼務させながら支援せず、ＳＣ長の研修会の後、社長、役員、同僚等が参加する懇親会で、上司東京本部長が無能呼ばわりをして、翌朝うつ病自殺に至らせた事例。

〈平成 19.11.12　大阪地裁判決　Ｎヘルス工業パワハラ名誉毀損事件〉

1　Ａサービスセンター長の上司の奈良支店長は、Ａセンター長から相談を受けながら、悩みを共感せず、２箇所の所長兼務が困難であるとの訴えに対して、「逃げてどうするんや」などと叱咤し、相談に取り合わず、突き放し、懇親会でも、大勢の部下及びセンター長の面前で、Ａセンター長を無能呼ばわりし、人員不足の要請には「人事権は本社だ」と述べていました。

2　東京本社で行われたセンター長研修には、代表取締役社長の外に役員も多数が出席し、初日の研修の後、参加者全員が参加する懇親会が開かれ、東京本部長は、懇親会終了時のスピーチの際、社長や役員などの参加者全員の面前で、Ａセンター長について「俺が仲人をしたのに…、頭がいいのだが、出来が悪い」、「何をやらせてもアカン」、「その証拠に奥さんから内緒の電話があり、主人の相談に乗って欲しいと言われた」などと発言し、スピーチの途中、社長が見かねてスピーチを止めさせ

ようとしました。

3　Aセンター長は、懇親会終了後の午後9時45分頃、妻に電話を掛け、「また死にたくなったわ」と言って電話を切り、翌日早朝、宿泊先のホテルの窓から飛び降り自殺をしました。

　　東京本部長は、霊安室で、センター長の遺族らと面会し、土下座をして謝罪しました。

24-05　営業妨害と誤解？　自社データの使用を理由に懲戒解雇し、自社業界紙に掲載した事例

〈概 要〉通販業界紙の編集長が他社出版の書籍に自社データを使用し、不適切な題名を用いたとして懲戒解雇。業界紙やウェブに懲戒解雇を掲載し、謝罪広告・慰謝料200万円が命じられた例。

〈平成22.06.29　東京地裁判決　通新聞パワハラ名誉毀損事件〉

1　この事案は、通販業界の業界新聞を発行している新聞社の編集長が、他の出版社の依頼に応じ、通販業界に関する書籍を執筆した際に、自社作成の図表等を使用したことと、書籍の題名に「カラクリ」という表現があったことから、新聞社の代表者は、当初、自社データの使用を許可しながら、その後、許可をしたかどうかを曖昧にして、編集長を懲戒解雇し、その懲戒解雇の事実を自社発行の業界紙とウェブに掲載しました。

　　編集長は、懲戒解雇の無効、当該期間の賃金の支払い、不法行為に基づく慰謝料の支払いとともに、謝罪広告の掲載を求めて訴訟を提起しました。

2　裁判所は、会社代表者は、自社データの使用を許諾していたと認定し、その書籍の原稿の執筆の違法性を否定し、懲戒解雇を無効とし、賃金及び遅延損害金の支払い、慰謝料200万円の支払い、及び謝罪広告の掲載を命じました。

3　違法な懲戒解雇などの不法行為に対し、謝罪広告を命じた判決は、このパワハラ関連裁判例集の中で、この事案が唯一の事案です。

24-06　労組嫌悪？　支部長のマルチ商法勧誘を非難する張り紙を自社や関連会社にした事例

〈概 要〉労働組合支部長に関する中傷的な「張り紙」の掲示行為について、名誉毀損やプライバシーの侵害などが争われ、その法律的な成立要件やその具体的な適用関係を学ぶ好個の素材。

〈平成29.03.24　名古屋地裁判決　H社パワハラ名誉毀損事件〉

1　この事案は、在職中、退職後も労働組合の支部長として活動する甲野に対し、会社が、甲野の未払車検修理代金の請求権を譲り受け、甲野のマルチ商法勧誘について、関係店舗に「張り紙」を掲示したこと等について、名誉毀損やプライバシー侵

害などが争われた訴訟です。
2　本件「張り紙」の掲示により名誉毀損が成立するか
　　名誉毀損の成立要件の「公然性」には、不特定多数人に伝播し、「社会的評価」を低下させる可能性が必要であるところ、本件の掲示行為には「公益性」はなく、一部には「真実性」もないとして、張り紙の掲示行為について名誉毀損による違法性を認定しました。
3　業界誌の記事はプライバシーを侵害するか
　　本件に係るプライバシーについては「保護利益」があるものの、公表の利益と私的情報保護の観点からみて違法性はないとして不法行為は否定されました。
4　張り紙の掲示は、労働組合活動への支配介入であり、表現の自由を逸脱した行為であって民法第709条の不法行為に当たるとして、慰謝料20万円の支払いが命じられました。

25-01　粗暴言動癖のある社員が、課長や同僚に立腹し、暴言・罵声・脅迫・金銭強要に及んだ事例

〈概要〉職場内外で、上司へ罵声を浴びせ、同僚に争いを仕掛け、多数の嫌がらせ電話や暴行、上司を中傷するビラを再三貼付したほか暴言、金銭強要などの脅迫行為により諭旨解雇された事例。

〈平成07.05.12　大阪地裁決定　ＮＤＤ社大阪支店パワハラ脅迫仮処分事件〉

1　営業社員乙山の問題行為は、次のとおりです。
　①　乙山は、部長の所在を総務課長に尋ねた際に、総務課長が部長の所在を間違って教えたことに立腹し、それをなだめた労務課長に対し、大声で文句を言って怒鳴り、「家族を連れてきて、土下座して謝れ」と暴言を吐き、金銭を要求し、「10万円くらいだけど半分にまけたる」と恐喝的な暴言を吐いた。
　②　居酒屋で雑談中に、乙山は、副支店長から、「良い仕事をするには家庭を持つ人生が必要だ」と言われて立腹し、副支店長宅に、同日6日の夜から同月25日までの間、暴力団風の言葉で、多数の電話をかけ、副支店長の妻をノイローゼ気味にさせた。
　③　乙山が、同僚の春山に対して、フロアの照明の点灯を咎めた際、春山から「私も遊んでいるんじゃない」と言われて喧嘩になり、副支店長らに注意されると、「これは個人と個人の戦争だ。組織は関係ない。春山の態度は許されない」と言い張り、その後の2、3日間に、春山の自宅に約400回の無言電話を掛けた。
　④　同僚夏山が運転する自動車に同乗した際に、車内の紙コップが倒れて、中のコーヒーが乙山の足下にこぼれたことから、夏山に対し、靴下代1000円と迷惑料1万円を払えと要求し、その日の午後には要求を5万円に値上げをし、夏山宅や子供が通学している学校に嫌がらせの電話を掛け、その後、夏山宅に押しかけ、近所迷惑となるような大声で、罵声を浴びせかけた。
2　裁判所は、乙山に対し、会社が行った諭旨解雇を有効と認めました。

〈参考：　アカデミックハラスメントの事例〉

特-01　教授が自己の意に沿わない学生に、繰り返し人格尊厳を傷つけるメールを送信した事例

〈概要〉教授が主催するゼミの履修予定者に対して、教授が繰り返し送信したメールが、学生の人格や尊厳を傷つける言動であるとしてアカデミックハラスメントと認定された事例。

〈平成 31.04.24　東京地裁判決　公立学校法人Ａ大学アカハラ事件〉

1　教授が学生の態度を非難するメールを繰り返し送信し、悩んだ学生の父母の訴えにより教授の行為が明るみに出ました。教授は、減給処分を受け、この訴訟で無効確認を求めました。
2　判決には、一般の損害賠償請求訴訟とは異なり、判決に現れたハラスメント言動は、「バカ」、「アホ」、「金魚のフン」、「馬さんがいます、鹿さんもいます」というようなものです。
3　懲戒処分の理由（要旨）は、次のとおりです。
　1）ゼミや進路指導に際し、暴言や人格を傷つける教育的配慮を欠いた不適切なメールをゼミ生全員に繰り返し送信し、長年進路指導委員長を務めた者として責任は重大である。
　2）部外の関係職員が学生に送信した不適切なメールをそのまま放置し、自らもそれに同調するメールを当該職員に送信した。そのメールには、指導の域を超え、学生が不安を募らせ、恐怖感に煽られるようなものが含まれており、さらに、ほとんどのメールがゼミ履修の学生全員に送信されており、繰り返して教育的配慮を欠いた行為を行った。
　3）頻繁に送信され精神的に追い込まれた１学年の学生は、教授から単位がもらえず、就職支援も自分だけが受けられないとの恐怖感を生じ、通学不能となり退学するに至った。
4　教授に対する懲戒減給処分は、有効と判断されました。

特-02　准教授による女子学生３名に対する個別のセクハラ２件、パワハラ、アカハラの事例

〈概要〉短期大学部の准教授が、その優位性を背景に、女子学生に行ったセクハラ（性的不快感の付与）、パワハラ（私的分野への無神経な介入）、アカハラ（不自然で困惑させる便宜提供）の事例。

〈令和 01.05.29　東京地裁判決　学校法人Ｚ大学セクハラ・パワハラ・アカハラ事件〉

1　この事案は、懲戒減給処分を受けた准教授が、その処分の無効確認を求める訴訟です。
2　第１セクハラは、女子学生Ａが、友人の女子学生Ｃから送信されたメールを准教

授に伝えたところ、准教授が性的な解説？を施して返信メールを送信した事実です。

3　第2セクハラは、特段の関わりのなかった女子学生Bに、オープンキャンパスの
　お礼がしたいとして、江ノ島付近での食事などを執拗に誘った行為です。

4　パワハラは、AがCとの交友関係に悩んでいることについて、Aが「関与しない
　で欲しい」と明確に伝えたにもかかわらず、重ねて関わろうとして、無神経に介入
　した事実です。

5　アカハラは、准教授に不信感を持つに至ったBに対し、「内々に」と再三にわた
　り再試験の受験を進め、Bの持つ准教授への困惑の感情を増幅させ、就学環境を害
　した事実です。

6　准教授の懲戒減給処分は、有効と判断されました。

第3章 パワハラ裁判 135 事例 パワハラの具体的な態様

　本章では、パワハラの類型区分ごとの個別事例の具体的なパワハラの態様を実例に学ぶと同時に、本章のパワハラの態様から、

　　① 第2章の「パワハラ裁判例の要点要旨集」の検索、

　　② 第4章の「パワハラ裁判例の誘因機序」の検索、

　　③ 第5章の「パワハラにより心身に生じた疾病及び法的責任の分析」の検索

などに利用してください。

1 業務に直接的に関連して起きたパワハラ行為

11 侮辱的言動

　〈侮辱し、屈辱を与え、名誉感情を傷つける多様な言動〉

01 成績不良の課長代理に、「課長代理、もっと出力を！」、「意欲がない、やる気がないなら辞めるべきです。あなたの給料で業務職が何人雇えると思いますか」というメールを本人と所属社員全員に送信した行為

02 海上自衛隊「さわぎり」で、2等海曹が3等海曹を「お前は3曹だろ、3曹らしい仕事をしろ」、「覚えが悪い、バカかお前は、3曹失格だ」との誹謗言動

03 指導の効果が上がらない部下に、次のような言葉で叱責した行為

　　ア 存在が目障りだ、居るだけで皆が迷惑する。

　　イ 車のガソリン代がもったいない。

　　ウ お前は会社を食い物にしている。

　　エ お前は対人恐怖症やろ。

　　オ 営業マンなのに、肩にフケがベターと付いている。お前病気と違うか。等々

04 主任について、優れていない、仕事が遅く、集中力を欠き、動きが悪いと評価し、「君は主任失格だ」、「お前なんか居ても居なくても同じだ」との侮辱言動

05 海上自衛隊「さわぎり」で、2等海曹が3等海曹を「お前は3曹だろ、3曹らしい仕事をしろ」、「覚えが悪い、バカかお前は、3曹失格だ」との誹謗言動

06 会議席上で、「この損害をどうしてくれる」、「資格を持ちながら成績不良、解約多数だ、みんなが笑っている」と強く非難し、罵倒した言動

07 「3浪して大学に入ったのに、そんなことしかできないのか」、「今日やった仕事を言って見ろ」、「バカ野郎、それしかできないのか」と非難し、罵倒した言動

08 「お前が入ったから部長がリストラされたんや」などと理不尽な言葉を浴びせ、嫌みを言い、「こんなことも分からないのか」と物を投げ付け、机を蹴飛ばす行為

09 生保の営業社員に「病歴の不告知を教唆していないか」と侮辱的に詰問し、「業績が悪い、部下を育成していない、マネージャーを何時降りてもいい」と厳しく叱責する言動

10 確執ある事務長特命業務に従事する部下に、「事務長の犬め」と罵る言動

11 仕事が遅くミスを多発する銀行職員に、「ええ加減にせえ、辞めてしまえ、足引っ張るな」、「足引っ張るなら、おらん方がええ、あほじゃんか」等々侮辱的な言葉を浴びせる行為

12 「この成績でマネージャーが務まると思っているのか」、「マネージャーを何時降りてもらってもかまわない」と会議で叱責した行為

13 派遣社員に雇用不安を与える言動をし、「アホ、殺すぞ」と怒鳴り付け、休暇をとると「パチンコに行ったのか」と皮肉を言い、朝の挨拶をすると無視するなどの行為

14 高校同級の女性社員に「アホ、カス、死ね」と暴言を繰り返し、電話の応対に「なんやその態度、やる気ないんか」などと叱責し、「お前を追い詰めてやる」と恫喝する言動

15 同じミスを繰り返すと、「何で出来ないんだ」、「何度も同じことを言わせるな」、「そんなことも分からないのか」と叱責し、重大なミスに「バカ、バカ野郎、帰れ」との厳しい叱責言動

16 他の監督者の指示に従うと、「命令違反だ」と怒鳴り、洗剤の拭き取りが不十分で腐食が出たら、「殺すぞ、アホ」と叱責した言動

17 社歴9年の社員に、「新入社員以下だ、もうお前には任せられない」、「何で分からない、お前は馬鹿」という発言とこれに類する発言

18 仕事の態度に問題があると評価され、「新入社員以下だ、もう任せられない」、「何で分からない、お前は馬鹿」と罵倒する侮辱的発言

19 「あなたの受け入れ先は何処にもない」と告げ、「オツムの弱い人かと思ったよ」と侮蔑し、「ロボットみたいな動きでギクシャクしている」と批評する言動

20 高卒と同時に入社し、仕事の覚えが悪く、失策に対する次のような叱責
　　ア　学ぶ気持ちがあるのか、何時までも新人気分だ、詐欺と同じだ。
　　イ　毎日同じことを言う身にもなれ、わがまま、申し訳ない気持ちがあれば変わっている筈。
　　ウ　何で自分が怒られているのかが分かっていない、反省をしている振りをしているだけだ。
　　エ　嘘を平気でつく、そんな奴会社に要るか、嘘をついたのに悪気もない。
　　オ　何時までも甘々だ、学生気分はさっさと捨てろ死んでしまえばいい。

21 頻繁に罵声を浴びせ、プライバシーに介入し、「その年でそんなことしか出来ないのか、お前の歳ではみんな役職についているぞ」、「アホか、クビ」等の叱責

22 「やっている仕事は考えなくても出来る仕事だ」、「多くの人がお前を馬鹿にしている」と発言

23 「あなたがやっている仕事は仕事ではなく、考えなくても出来る作業だ」、「多くの人がお前をバカにしている」との発言

24 教授が講師らへ、業績不調を叱責し、勤務時間につき嫌みな発言をし、女性蔑視のセクハラ発言をし、私的・プライバシーに不当介入、侮辱・ひどい暴言

25 叱責を受けている社員に、「何だその目付きは、文句があるのか、言いたいことがあるなら言え、恨めしげに睨みやがって」などに類する発言

26 スピーカーの破損につき、「やっぱしお前やないか、何で嘘言うねん。ええ加減にしとけよ。ビデオで確認したんじゃ、お前が犯人やろ」と怒鳴り付ける行為

27 仕事が遅く、覚えが悪く、失敗が多い社員のミスなどについて、軽く暴行し、侮辱的・威圧的な発言により、繰り返し叱責をする行為

28 大学病院副部長の診療情報管理士への「前々からあんたら二人のやり方は気に入らないと思っていた。」、「あんたら余計な事、勝手にやってんじゃないの」、「お前らのやっていることは、我々教員に対して失礼だ」との発言。

〈国語辞典によれば〉

侮辱とは　相手を見下しひどい扱いをしたり馬鹿にして恥をかかせること。

軽蔑とは　相手にする価値のないとして馬鹿にし、見下して馬鹿にすること。

軽侮とは　人を軽くみて、馬鹿にしたり、馬鹿にして侮り、見下げること。

侮蔑とは　人を馬鹿にして軽くみること。

屈辱とは　辱められて面目を失ったり、その場の雰囲気に押されて、反発できなかったり、無法な力でねじ伏せられたりして、恥ずかしい思いをさせられること。

誹謗とは　誹り、罵ること。

　　　　「誹り」：　悪口を言うこと。非難する言葉。

　　　　「罵る」：　声高に叱る。悪口を言い立てること。

中傷とは　根拠のない悪口を言って、他人の名誉を傷つけること。

罵声とは　口汚く罵る声。大声で言う悪口。

嫌みとは　相手にわざと不快感を覚えさせること。又はそのような言動をいい、皮肉やあてこすりなどをいうこと。

12 不当処遇・不当な取扱い

〈人事・労務、労働条件に関する多様な不当・理不尽な処遇・取扱い〉

01 組合嫌悪により、校務を外し、職員室内隔離を経て自宅研修を命じた行為

02 仕事を与えず、他の職員との接触を禁止し、課長席の前に移動し隔離行為

03 特定思想を警戒して、監視、尾行し、他の社員に対し交際を抑止した行為

04 課長を一般職に降格させ、次いで、2度目の配転で受付を担当させた行為

05 本人の不在時に機材を移動し、私物を整理し、兼業申請に押印せず等の行為

06 仕事外し、不可能期限付の翻訳の業務命令等、業務から排除を意図した行為

07 大学助手の他大学への兼業申請に承認印の押印を拒否した行為

08 虚偽の噂を放置し、過重業務の付与後に仕事不付与、同僚の嫌がらせを放置

09 休暇の変更指示、指示に係る言動など6項目の行為につきイジメを否定

10 内部告発へ報復、辞表出せと退職迫り、配転、隔離、雑用を命じる等の行為

11 医師の解雇が肯定され、5項目のパワハラの主張がいずれも否定された例

12 出向無効の判決を無視、研修の実態なく、冷凍庫内作業を長期間させた行為
13 協調性・患者トラブル理由に、約 10 年間の臨床診療から外した行為
14 身だしなみ基準を誤解し、長髪を切り、髭を剃るよう執拗に迫った行為
15 協調性・患者トラブル・独断の治療方針理由の 10 年間の臨床診療外した行為
16 外勤営業担当者の残業に係る業務内容・必要性・予定時間等の事前申請指示
17 内部通報へ報復、配転させ外部接触を禁止、新人の教育用テキストの勉強等
18 同月中の 2 度の休暇申請に年休抑止の発言をし、申請を取り下げさせた行為
19 2 度の年休抑止発言、面談での雇用不安を煽る発言、不条理な叱責言動
20 問題職員への対応要請放置して指導を指示し、問題の解決を怠った行為
21 64 歳上司、39 歳女性職員を頻繁に食事に誘い、距離を置かれ嫌がらせに転じ
22 労基法違反の違約金の履行要求など、労基法違反の時間外の業務指示行為
23 妊娠報告し業務軽減求めるも長期間放置し「流産しても構わない」と発言
24 22 年在任の代表者が交替、新代表者が懲戒降格、賞与減額、退職強要に及ぶ
25 校長が過失のない教諭を一方的に謝罪させ、校長に恐怖を感じさせる行為

13 暴力行為（暴行・傷害行為）
〈身体に対し、違法に外形力を加え苦痛を感じさせる多様な行為〉
01 暴言を浴びせ、殴り蹴り、突き飛ばし、押し倒し、胸倉を掴んで突き倒す
02 叩く（ポスターを丸めて叩く、クリップボードで叩く、拳で叩く、平手で叩く）
03 怠惰な仕事振りに怒りが募り、粗雑な態度に怒りが爆発、棒で脚部を殴る
04 仕事ミスなどの暴力性向が発現、殴る蹴る、エアガンで狙い撃ちなどの行為
05 怠惰な勤務態度に、机や椅子を叩き、蹴り、胸倉を掴んだりする行為
06 高価な素材へ作業ミスで、頭を叩き、殴り、蹴るにより退職の強要行為
07 暴行常習の性向が発現し、平手や拳で顔や頭を殴り、エアガンで射撃行為
08 送迎遅れに立腹し顔を殴り、足を蹴り、眼球打撲・眼瞼皮下出血させた行為
09 仕事ミスの繰り返しで、顔を殴るけるなどした行為
10 仕事ミス繰り返しで継続的に暴行、仕事の失敗で大声叱責した行為
11 巡回懈怠し、嘘の報告により胸倉を掴んで引きつけて揺すり叱責した行為
12 暴言癖があり、脇腹を突き痣を作り、言葉の暴力を繰り返し浴びせる
13 仕事終了の嘘の報告に、両腕を掴んで体を揺さぶり、客室の壁に押し付け
14 丸刈りにし、下着姿で高圧放水を浴びせ洗車用ブラシで体を洗わせる行為

14 不条理な叱責等
〈会議や同僚等の面前、不条理な態様での叱責や発言など〉
01 会議の席で、「使い物にならない人は、うちでは要らない」と発言し、「やる気が
あるんですか」、「Q さんに比べて遅い」などの発言
02 執務振りを咎めて、頻繁（1 月〜 4 月に 9 回）、終業後それぞれ 2 時間、起立さ
せたまま執拗に叱責し、帰宅を願っても聞き入れず、夜間に及ぶ叱責行為
03 抱え込んだ仕事について、断続的に 3 時間に及んで厳しい口調で叱責し、退勤時
に「こんなことも出来ない部下はいらんからな」と発言する行為

04 同僚等の人前、大声で、感情的・高圧的・攻撃的に反論許さない叱責行為

05 極度の疲労で担当行事に遅刻し、同僚教員の面前、２日にわたる厳しい叱責

06 注意指導の途中で無反応となったので、幼稚な質問を長時間繰り返し

07 ミーティングで、「実績が上がらない、役に立たない者は辞めていい」、個別に「あんた給料高いだろ、あんたは給料の５倍くらい働かなければならない」、「マネージャーしてたんだから分かるだろ、必要ない、止めた方がいい」との発言

08 医長が、看護師の前で、技量未熟な医師に、仕事振りを「大学で出来たのに何故出来ないんだ」、「仕事は給料に相当しない」等々何度も非難叱責する発言

09 「何度言ったら分かるの」などと、強い口調で叱責し、同じ叱責を長時間繰り返し

10 「てめえ、あんた同じミスばかりして」と乱暴な口調で叱責、「何度言ったら分かるの」と強い口調で叱責し、「親に出てきて貰うなら自覚してミスを無くせ」と叱責する行為

11 知的障害者に、「幼稚園児以下だ、馬鹿でもできる、ふざけんな、調子に乗るな、何でこんなに長く休むんだ、ちゃんとやらないと蹴るぞ、店長にチクったな」などの発言

12 「こんなこともできないのか」、「やる気がないなら帰れ」とほぼ毎日怒鳴り付け、安全靴で痛みを覚えるほどに蹴ったり、叱責の際に胸倉を掴む行為

※ 「不条理」とは、国語辞典では、「客観的に事柄の筋道が通らないこと」と説明しています。「事柄の筋道」を考えてみます。

「事柄」とは、そこで問題となっている事象を指します。この事象を成し遂げるのに相応しい振る舞いを「事柄の筋道が通っている」ということですから、事柄を成し遂げるために必要かつ適切な行為をいうものと考えられます。

「叱責」は、仕事の失敗や仕事への怠慢、その他多様な不具合な状態について、それを指摘し、その原因を考えさせ、あるいは助言指導し、よりよい状態に導くために、上司に課せられた部下に対する教育的な監督行為をいいます。

従って、叱責という事柄は、よりよい結果を生み出すための教育的な監督行為でなければならないのです。

前記した「事柄の筋道」の事柄に「叱責」を当てはめれば、「叱責の筋道」ということになります。「筋道が通っている叱責」が上司に求められる叱責なのです。

本項に掲載した「事柄」の多くは、「不条理な叱責」です。すなわち「叱責」に期待される結果の達成に不必要又は不適切な事象を伴った叱責をいいます。

「叱責」とは、国語辞典によれば、「〔監督の責任を持つ人が〕下の人のあやまちなどを叱ること」とされています。

「叱責」とは、上司が部下の「仕事上の過誤や怠慢」や「職業人としての在り方」などの問題点などについて指摘し、部下に深く考えさせ、現状を自覚させて、これを改善する方策などを指導助言して「あやまちなど」を解消させ、励ますものです。

※ 上記の不条理な叱責には、「問題点など」を考えさせ、自覚させ、改善を成し遂げる上で必要かつ適切な指導助言はなく、屈辱を感じさせ、無能意識を芽生えさせ、自虐的となり、上司に対する不快・嫌悪感を起こさせ、仕事への意欲を失わせるな

ど、叱責に期待される成果は全く上がりません。これを不条理な叱責といいます。

15 強要行為

〈義務のないことを強制的に行わせ、しようとすることを抑止する行為〉

01 規則に反し襟章不着用の職員に、管理者が強制的に左右の襟に千枚通しで穴を開けて強制的に襟章を装着させ、又はさせようとする行為

02 軽微な過誤等につき、短期間に多数回にわたり、その都度執拗に反省書の提出を求め、終業時刻前の片付け作業を翌日再現させた行為

03 「就業規則なんか知らない」と反抗的な態度を示したため、用便等の行動の自由を制限して、就業規則の書き写し学習を命じた行為

04 課長昇進の重圧で退職を申し出た課長を説得するため、胸倉を掴んだり、「その理由で休暇をとると気違いと思われる」、「自殺できるものなら自殺してみろ」との発言

05 不正経理解消目標の年度内 1800 万円の達成は困難な目標値であり、検討会での「会社を辞めれば済むと思っているかも知れないが、辞めても楽にならない」との発言

06 目標未達成の社員に、研修会で易者のコスチュームを強制的に、終日にわたって着用させ、これを撮影し、次回の研修会で映写して閲覧させた行為

07 居酒屋で、体質的にアルコールを受け付けない部下に、ビールを飲めと執拗に要求して飲酒させ、嘔吐して戻ると「酒は吐けば飲める」と更に要求

08 ノルマの達成を要求し、達成できないと、更に「今期 2000 万円やります。出来なかったら辞めます」との念書を書かせ、ノルマの強引な達成と自主退職を要求する行為

09 飲酒接客が仕事のホストクラブで、急性アルコール中毒する量の飲酒強要

※ 強要行為は、その言動に直接的に現れるもののほか、パワハラ行為の受け手が置かれている仕事などの環境の下で、拒めない状態において黙示的に行わせることも多くありますから、その者の立場や現状などから心理的な強制に及んでいないか、これを見極める必要があります。

　上記 06 は、販売目標が達成できなかった（という負い目のある社員に）者に無言の圧力・強要を感じさせる中での恥ずかしい行為を要求するものです。

※ 刑法における「強要罪」の規定は後記のとおりです。これによれば、当該規定は刑罰をもって社会の秩序を維持する規範であることから、脅迫罪と同様に、その成立には厳格な要件を備えています。

　他方、パワハラ行為は、上司等の部下に対する優越的な背景に由来する権力作用ですから、パワハラとしての強要行為を防止するためには、上司の権力作用が部下に心身の苦痛を与え、その就業環境を害するものを広く包含すべきものです。

　そのような両者の関係を前提としながら、強要罪の規定をここに引用するのは、パワハラ行為として民事的に不法行為とされる行為の中には、強要罪の構成要件を備えることによって、脅迫罪を超える刑罰が待っていることを理解して欲しいと考えるからです。付言すると、強要罪の構成要件を具備した強要行為を受けた被害者

は、加害者に対する刑罰の適用を求める（告訴する）ことができるのです。

※　因みに、第222条の脅迫罪は、「2年以下の懲役又は30万円以上の罰金」であり、第223条の強要罪は、「3年以下の懲役」であり、強要罪の方が脅迫罪よりも重く、脅迫罪と異なり、未遂を罰する規定があります。

16　粗暴行為
〈暴力行為に準ずる態様や程度の多様な暴言罵声、身体的な攻撃に類する行為〉
01　虚偽の噂を流し、担当者の事情聴取にふて腐れた態度の社員に対し、担当者が、
　　ア　証拠を出せ、やっていることは名誉毀損の犯罪だぞ
　　イ　やっていることは犯罪だ、会社としては相当な処分をするぞ
　　ウ　絶対に許さんぞ、辞めて貰うと大声で感情的な詰問口調で責める行為
02　目標未達成の部下に、「バカ野郎、会社を辞めろ、給料泥棒」と怒鳴り付け、部下の頭を定規で叩き、電卓を投げ付け、特定の宗教新聞の購読を断った部下を異動させ、退職を強要し、会議で意見を述べると、「お前はやる気がない、明日から来なくていい」と発言し、報告を忘れた部下に、「バカ野郎、給料泥棒、責任をとれ」と怒鳴り、その上司に対し、「次長、お前の責任はどうするんだ、バカ野郎」と怒鳴り、喫煙する部下の後ろから、冬期に扇風機3台で送風する行為
03　出張打合せの日程に応じなかった部下に対し、深夜、携帯電話に「出ろよ、チェ、ぶっ殺すぞ、お前、何やっているんだ、お前、辞めていいからな」などと怒鳴る行為
04　些細なミスに、「馬鹿だな、使えないな」と言い、尻や顔を叩き、飲食店で、勤務終了後の深夜に、一人でニンニクの皮むきをさせ、遅刻をした際に、「今度遅刻したら、罰金1万円貰うぞ」と脅かし、日常的に、私的な用事に使い走りをさせた行為
05　極真空手の修練者が、伝統空手を侮辱し、「道場へ来い」と誘い、肩を揺すって歩く癖を見て、「歩き方が気にいらない、道場へ来い」と誘う行為
※　この粗暴行為に区分されるのは、個々的に粗暴な言動であったり、個々の暴力・暴力的言動、脅迫・強要的な言動などの複合的な言動であったりします。

17　過小業務・過大業務
〈経験能力に比し軽易な業務を命じ、又は過大過重、過酷な業務を命じる行為〉
01　後継者として引き抜きながら過大業務を付与して支援せず、業務へ介入した行為
02　不祥事により配転打診、強い忌避感のある業務への配転の強制的な説得行為

18　パワハラ不該当
〈パワハラには該当しないと判断された事例〉
01　3日間の終日教育には、罵詈雑言・暴言・上司の監視や威圧などはなく、水平展開も課せられず、孤立化、衆人環視などの状態に置かれていなかった。
02　不正経理の是正のためにある程度厳しい改善指導をなすべきことは、上司の正当な業務で過剰なノルマの強要ではなく、執拗な叱責にも該当しない。
03　上司の指導に素直に従わず、自ら対立的な状況を作り出し、上司に対し、誹謗に

近い感情を露わにし、休職願を郵送するに至り、解雇は有効。

04 頻繁にミスを繰り返す部下を強い口調で叱責するのは、ミスを指摘し改善を求める社内ルールに沿っており、人格非難に及ばず、指導の範囲を逸脱しない。

2 業務に間接的に関連して起きたパワハラ行為

21 強要行為
〈義務のないことを強制的に行わせ、しようとする行為を抑止する行為〉

01 営業所長が副所長、係長立ち会いで叱責面罵し、退職願の提出要求行為

02 取引先部長の依頼で、社宅の無断退去や住居費不正を絡ませ、人事上の不利益取扱い示唆しながら、多数回にわたり賃貸住宅の明け渡しの要求行為

03 本社工場移転し、転勤義務があると誤信させ、執拗な自主退職の要求行為

04 労災復帰訓練不合格、4か月に30数回、長時間の屈辱的な退職強要行為

05 暴言・罵倒、威嚇、暴行等による自主退職の強要行為の差止め請求事例

06 転勤義務があるかのように誤信させ、自主退職を要求した事例

07 航空会社で、「何時までもしがみつくのか」、「辞めるのが筋だ」、「懲戒免職になった方がいいのか」等、5か月間にわたって執拗に自主退職を要求した行為

08 警察官署で、「この野郎ぶっ殺すぞ」、「辞表、強制的に書かせるから」、「早く辞表を書いて出て行け」、その他多様な言葉や暴行を伴う自主退職の要求行為

09 試用期間中に丁寧に指導するも、ミスが多く、退職強要と感じさせた対応

10 警察官署での自主退職の要求行為にき、18項目の個々に判断を示した事例

11 都立高校卒業式で国歌斉唱をするよう命じた（要求した）職務命令

12 組織の方針に反した職員に、懲戒解雇に絡ませ自主退職を要求した行為

13 不用意に退職申し出た後、撤回申し出るも、撤回を許さず退職を要求した

14 「非常識」、「相応しくない」、「仕事がない」と執拗に自主退職を要求した行為

22 暴力行為
〈身体へ違法に外形力を加え苦痛を感じさせる多様な行為〉

01 タクシー乗務員に上司が「他社乗務」を批判され、激高し顔面殴打した行為

02 自主退職を迫り、「辞めろ」と怒鳴り、「A子一家自殺」と落書きし、顔面を殴り、後頭部を棚に押し付け、大腿部を蹴り、後頭部打撲で気を失わせるなど

03 女性社員の命令口調に、男性社員が応じて口論し、顔面を平手打ち行為

04 副班長の指示に対する反抗的な返事に激高して右目付近を殴打した行為

05 注意しようと、嫌がるのに腕を引っ張り、事務所に連れて行こうとした

06 次第に厳しくなる叱責、異動内示に不満募らせ、残業中の上司を殴打絞首

07 頭や背をロッカーに打ち付け、後日、「いい加減にせい、ぶち殺そうか」と声を荒げた行為

08 「横から口を出すな」と怒鳴り、罵声を浴びせ、腰から足を蹴った行為

09 07の控訴審で、PTSDを否定し、妄想性障害を認定した事例

23　侮辱行為

〈侮辱し、屈辱を与え、名誉感情を傷つける多様な言動〉

01　「むくみ麻原、ハルマゲドン」、「とんでもないのが来た」と侮辱・揶揄・嘲笑する言動

02　「死ねよ」、「殺す」、その他、侮辱・脅迫・恐喝に類する言動

03　対立組合加入を期に職員会議で、非難し糾弾する長時間のつるし上げ言動

04　課長職が後任部長の英語能力、その他能力誹謗メールの同僚への送信行為

05　金銭窃盗・女性口説き・ビール盗取・飲酒など、中傷ビラを組合に持ち込み

06　給与が高い同性に複数の女性社員が嫉妬、多様な侮辱的な言動を繰り返し

24　名誉毀損行為

〈公然と事実を摘示し、名誉（社会的評価を低下させる行為）を毀損する言動〉

01　解雇予告を会議で説明し、打合せ会で読み上げて、名誉毀損に及んだ行為

02　同僚社員面前で、元所属長の横領加担を決めつけて、詰問に及んだ行為

03　町長が町議会関係の会議で、金銭不正を理由に雇止めにしたと発言した行為

04　社長、役員、同僚らによる懇親会で、無能な人物という趣旨の発言をした行為

05　「独断で他社と出版契約」、「懲戒解雇」したとし、自社業界紙に掲載した行為

06　「悪徳マルチ商法で社員を勧誘し退職」との張り紙を全店舗に掲示した行為

※　名誉毀損罪は、後記する刑法の規定にあるように、構成要件が厳格に定められています。

　　他方、日常生活において「名誉毀損」という言葉は、例えば、「事実を摘示し」て名誉を毀損する場合にのみ用いられているかと言えば、必ずしも「事実の摘示なく」、また「名誉を毀損する」という本来的には「社会的評価を毀損する（低下させる）」場合だけでなく、侮辱的な言葉を浴びせる場合なども含めて用いられているようです。

　　しかし、刑法では、名誉毀損罪の刑が「3年以下の懲役若しくは禁固又は50万円以下の罰金」であるのに比べて、侮辱罪は構成要件が簡素であって、その刑は「拘留（1日以上30日未満の刑事施設拘置）又は科料（千円以上1万円未満の科料）」という軽いものです。そのようなことから、パワハラにおける名誉毀損も名誉毀損罪の中核的な要素である「公然性」、「事実の摘示」及び「名誉毀損」を備えた行為をパワハラにおける名誉毀損と位置づけました。

25　脅迫行為

〈自己又は親族等に対して、広く加害を告知して脅かす行為〉

01　些細な出来事に立腹し、暴言を吐き、金銭を要求し、無言電話で相手の妻を恐怖に陥れノイローゼ気味にした行為

〈参考：アカデミックハラスメントの事例〉

特-01　教授が自己のゼミを履修する学生の態度に対し、「バカ」、「アホ」、「金魚の

フン」、「馬さんがいます、鹿さんもいます」など、人格尊厳を傷つける発言を繰り返しした言動

特 -02　准教授の女子学生に対する①性的な解説をしたメールの返信、②執拗な食事への誘い、③私的な問題の介入、④「内々に」とする再試験の勧奨で困惑させた言動

第4章　パワハラ裁判135事例　誘因機序（意図・目的）の分析

〈コメント〉

1　本章は、パワハラ行為が生じる人間関係や、パワハラ行為者又はパワハラを受けた者の個性や特質、その他、パワハラが生じた背景事情や誘因、パワハラ発現の機序（きっかけ）について簡潔に整理したものです。

2　本章では、パワハラの機序（きっかけ）の実例を知り、パワハラ行為に出ようとする意識にブレーキを掛けるための一事例一行のデータです。

　本章のパワハラの機序から、

　①　第2章の「パワハラ裁判例の要点要旨集」の検索、

　②　第3章の「パワハラの具体的な態様」の検索、

　③　第5章の「パワハラにより心身に生じた疾病及び法的責任の分析」の検索

などに利用してください。

3　ちなみに、パワハラの誘因機序とは、「こんな時にパワハラに走ってしまうのか」ということです。

　その機序、きっかけを具体的な事例に学ぶことが、パワハラに走ろうとする意識にストップを掛けてくれるのです。

1　業務に直接的に関連して起きたパワハラの類型

※　冒頭の太ゴシックは、自殺に至った事例です。

〈11　侮辱的言動〉	〈パワハラの背景誘因ないしパワハラ発生の機序など〉
11-01　成績不良の	ナンバー3の課長代理に成績を上げるよう叱咤激励しようと
11-02　技量未熟で	3曹に相応しい進歩がなく、理解が遅く積極性に乏しいから
11-03　営業に不向	営業不向き、長年営業しながら営業に習熟していないから
11-04　主任に推薦	技量優れず、仕事が遅く、集中力を欠き、動きが遅いから
11-05　技量未熟で	3曹の技量に進歩なく、地位に見合う職務を行えないから
11-06　販売方針を	会社の販売方針を批判したことから、排斥をしようとして
11-07　能力不足、	能率が悪く、指示した仕事ができず、うつ病経歴を嫌って
11-08　下請社長の	下請社長の息子に不快感が生じ、イジメ性向が出て
11-09　成績不良の	成績不良を改善させようとして支社長が侮蔑的屈辱的叱責を
11-10　事務長と確	上司と確執、上司の特命業務に従事する部下に不快感を生じ
11-11　仕事が遅く	仕事が遅く、同じミスを繰り返し、能力の欠如に嫌悪して
11-12　生保支社長	11-09の控訴審、成績不良を改善させようと意図して
11-13　多少能力の	派遣元社員の弱者イジメの性格傾向が出て

11-14	高校同級生	高校同級生への意識？　イジメてみたり、甘えたりして
11-15	新入社員が	ミス多発、同じミス・重大なミスも、改善させようとして
11-16	派遣社員に	11-13 の控訴審、順応能力が低く、イジメ性格傾向が出て
11-17	作業ミス頻	11-15 の控訴審、作業ミスを繰り返し、改善させようとして
11-18	能力発揮で	上司の数回の指導に、改善に取り組む姿勢を見せないから
11-19	軽易な業務	採用時に期待した技能がなく、仕事に前向きでないと感じ
11-20	仕事の覚え	仕事の覚えが悪く、時々失敗し、勝手な振る舞いをするから
11-21	部下の成績	不条理な叱責も部下育成に必要と確信していたため
11-22	障害者の就	外食などの生活に不満か？　パワハラ性格傾向が発現して
11-23	業務未熟な	業務処理能力が低く、ミス多発させ、能力開発させようと
11-24	講師等の能	講師へ業績不調などに不満、セクハラ・イジメ性向が出て
11-25	ミスの多発	スケジュールの不手際、ミス多発、目付き表情を嫌悪して
11-26	班長の意に	接客態度に不満・不快意識の下、反抗的で口論に及んだから
11-27	仕事遅く覚	仕事遅く、覚えが悪く、失敗を繰り返していたため
11-28	注意指導の	仕事のやり方に問題あり、自己の意に沿わない仕事振りに

〈12　不当処遇・取扱い〉

12-01	組合活動を	組合活動を嫌悪し、産休の態度に不快感、態度を嫌悪して
12-02	Aは腰痛訴	配置転換を受け入れさせようと意図して
12-03	社員の特定	特定の思想を嫌悪し、社員への伝播を防止しようと意図して
12-04	経営悪化に	新たな経営方針に非協力管理職に報復・自主退職を意図して
12-05	確執なのか	関係不良か性格傾向か？　気に沿わずイジメを意図して
12-06	組合委員長	組合活動を嫌悪し、委員長を嫌悪し、仲間外しにしようとし
12-07	05 の控訴	12-05 の控訴審、人間関係不良、確執存在しイジメようとし
12-08	虚偽の男女	他の社員の反発生じる中、長時間労働の改善申出を嫌悪して
12-09	勝手な思い	自己主張の強い要求に対し、適切に対応しようとして
12-10	ヤミカルテ	ヤミカルテルの内部告発へ報復か？　退職させようとして
12-11	勤務態度に	勤務態度等に問題があり、相応に適切な対応をしようとして
12-12	出向命令の	全国 380 店舗展開、広域配置転換を受け入れさせようとして
12-13	協調性や患	協調性欠如、患者とのトラブル、独断的な治療方針に対して
12-14	郵便局窓口	長髪髭の職員に、所定の身だしなみ基準を守らせようとして
12-15	13 の控訴審	協調性、職員や患者とトラブル、独断治療方針などに対して
12-16	外勤残業に	外勤の労働時間・残業管理システムを遵守させようとして
12-17	内部通報窓	他社人材の引き抜きを内部告発され、その報復を意図して
12-18	1週間のリ	1週間のリフレッシュ休暇月の年休を撤回させようとして
12-19	4人の幼児	年休取得を抑制しようと意図して
12-20	契約社員が	ペア正社員の能力不足の改善求められるも、対応せず
12-21	老いらくの	25 歳年下の女性職員に好意、距離を置かれて嫌悪してか？
12-22	労基法違反	労基法を無視し、従業員を違法な契約で縛ろうと意図して
12-23	妊娠を報告	日常の仕事振りに不満、仕事振りの改善を求めようとして

| 12-24 | 22年在任 | 22年間の仕事のやり方などを改革？しようと意図してか？ |
| 12-25 | 生徒の家の | 保護者の抗議に対し、安直にその場を収めようと意図して |

〈13　暴力行為〉

13-01	仕事が遅く	仕事が遅く、失敗を繰り返すため、自主退職させようとして
13-02	派遣社員を	研修態度や仕事の失策、虚偽の報告などに立腹して
13-03	日頃の不満	日常の怠惰な仕事振りに不満が蓄積、工具投げ出しに激怒し
13-04	**仕事ミスに**	ミスがあったり、単に不機嫌な時にイジメ性向が発現して
13-05	勤務態度不	勤務態度不良改善せず、上司は感情的に机や椅子を叩き蹴り
13-06	**高価な素材**	高価な素材の加工作業で、仕事ミスを防止しようとして
13-07	**仕事振りに**	仕事振りに不満を生じ、不機嫌時にイジメ性向が発現して
13-08	**成績不良で**	ノルマ達成率が不良、車で送る時刻に遅刻するなどにより
13-09	**仕事を覚え**	仕事の間違いや失敗を繰り返し、手順を間違いなどにより
13-10	**仕事の過誤**	仕事の覚えが悪く、仕事ミスや仕事の手順を誤ったことから
13-11	看守が巡回	所定の巡回コースを懈怠し、質問に嘘の弁明をしたことから
13-12	**仕事ミスに**	暴力親和的性向の実施、仕事ミスや仕事でぶつかるなどして
13-13	前夜の作業	前夜の業務で偽りのメールし、仕事振りに立腹して
13-14	長距離配送	温泉立ち寄りで帰社が遅れ、丸刈りされたのをきっかけに

〈14　不条理な叱責等〉

14-01	期待の能力	業務の進行が遅滞し、期待に応えられないことから
14-02	課長の勤務	イジメ性格傾向のある部長が、仕事振りなどに難癖をつけて
14-03	**係長に昇進**	未処理の仕事が多く滞留し、仕事の処理要領が悪いため
14-04	**強烈な個性**	傍若無人の部長が、部下の指導・注意・叱責に際して
14-05	長時間労働	長時間労働で疲弊して、担当の重要行事に遅刻して
14-06	営業クレー	業務に習熟せず、指導時にふて腐れた態度を示したため、
14-07	**人間関係次**	人間関係に行き違いが生じ、業務過誤を発生させるなどして
14-08	技量未熟な	医師の施術の未熟が上司に苛立ちを覚えさせて
14-09	**高卒3年目**	指導を重ねても習熟できず、作業ミスを頻発させて
14-10	**高卒3年目**	指導を重ねても習熟できず、作業ミスを頻発させて
14-11	知的障害者	仕事ミスや水泳大会で休暇多く、その疲労で仕事ミスをして
14-12	**仕事ミスで**	粗暴な性格傾向か、仕事のミスに過度に反応して

〈15　強要行為〉

15-01	服務規定に	襟章不着装の服務規律違反を実力で直そうとして、
15-02	軽微な過誤	手順に従わず、時間中の組合ビラ配布や、作業誤りが重なり
15-03	国労マーク	服務規律違反に反抗的態度、就業規則を理解させようとして
15-04	**課長昇進で**	課長昇進で職務の重圧から退職申出を阻止しようとして
15-05	**架空出来高**	架空出来高が発覚したため、是正させようとして
15-06	販売目標の	化粧品販売の販売目標を達成できなかったことから
15-07	酒を飲めな	飲酒強要癖か？　飲めない部下に無理に飲ませようとして

| 15-08 | 成績不良の | 成績不良、成績を上げさせようとノルマを強制して |
| 15-09 | ホストクラ | ホストクラブの仕事で、飲酒接待をさせようとして |

〈16　粗暴行為〉
16-01	同僚を中傷	同僚を中傷し、事情聴取の際に、ふて腐れた態度をしたから
16-02	目標の未達	目標の未達成や、意見の開示や報告忘れに激怒して
16-03	出張日程の	出張の日程調整に応ぜず、禁止された直帰をしたことにより
16-04	**長時間労働**	イジメ性向？　些細な不出来や仕事ミス等に過剰反応して
16-05	**伝統空手を**	暴力親和性向？　修練した空手を誇示し、イジメようとして

〈17　過小・過大業務〉
| 17-01 | 社長の後継 | 引き抜くも支援せず、疲弊させ、仕事振りに不満を生じて |
| **17-02** | **不当値引き** | 不当値引き、販売やレジ業務に不適切で配転を企図して |

〈18　パワハラ不該当〉
18-01	**電車遅発防**	電車を遅発させたため、再教育が必要と判断して
18-02	**架空出来高**	架空出来高が発覚し、是正解消を図らせようとして
18-03	業務未熟で	業務に習熟せず、素直に従わず、対立状況を作り出し
18-04	**頻繁にミス**	頻繁に仕事ミスを繰り替えしていたことから

2　業務に間接的に関連して起きたパワハラの類型

〈21　強要行為〉
21-01	高卒バスガ	会社の社会的信用を維持しようとして
21-02	取引先部長	取引先の依頼をうけた上司の意向に沿おうとして
21-03	本社工場移	転勤義務を誤信させ、遠隔地転勤・自主退職させようとし
21-04	労災休業か	技能未熟のスチュワーデスを自主退職させようと企図して
21-05	能力がなく	営業能力が欠如し、自主退職をさせようと企図して
21-06	03の控訴	遠隔地転勤・自主退職をさせようとして
21-07	能力に欠陥	客室乗務員の適性がなく自主退職をさせようと企図して
21-08	警察職員の	勤務状況により警察官に不適格、自主退職させようとして
21-09	試用期間中	試用期間中能力向上せず、多様な事務的ミスを生じたため
21-10	08の控訴	勤務状況により警察官に不適格、自主退職させようとして
21-11	都立高校卒	起立国歌斉唱の職務命令違反、再任用不適切と判断して
21-12	監督官庁の	組織方針に反する意見陳述により、自主退職させようと
21-13	課長を辞め	指示違反や軽率な退職申し出に、反省の態度が見られず
21-14	美術館長の	メールの休暇申請などや仕事振りが意に沿わないとして

〈22　暴力行為〉
| 22-01 | タクシー会 | 他社乗務を非難し、蒸し返して非難し続けたことにより |

22-02	航空会社が	成績不良で技能が劣るため、自主退職させようと企図して
22-03	男性社員が	人間関係不良、女性社員の命令口調により口論となって
22-04	互いに不快	人間関係不良、指示に対して口答え的に返事に激高して
22-05	左腕を掴ん	踏切横断の可否で口論、事務所へ同行させようとして、
22-06	逆パワハラ	上司の指導が次第に厳しく、転勤内示に殺害しようとして
22-07	次長が店長	店長の怠慢を業務日誌に記載、店長が閲覧して激怒して
22-08	日頃暴言癖	日頃暴言癖があり、指示に対して反抗的な対応に激怒して
22-09	07 控訴審	店長暴行後、会社内部調査の開示を長電話で要求され、

〈23　侮辱的言動〉

23-01	**課長、係長**	粗暴雰囲気の職場、イジメ性向職員の組織イジメが発現して
23-02	**上司の粗暴**	イジメ性向のある先輩准看護師のイジメ言動が発現して
23-03	管理職ら多	対立する労働組合に加入したため、これを糾弾しようとして
23-04	降格？配転	配転に不満か？　メールを駆使して後任を誹謗中傷の性向？
23-05	逆パワハラ	契約更新や条件アップを意図しての行動なのか？
23-06	同性社員の	大卒高額給与の社員へ、一般同性社員が嫉妬して

〈24　名誉毀損行為〉

24-01	就業態度に	就業態度に不満か？　解雇をしようとして
24-02	告訴した上	上司の横領行為への加担を告白させようとして
24-03	町長が嘱託	臨時職員の期間満了による雇止めを企図して
24-04	**２箇所の所**	部下所長の苦悩に理解を示さず、懇親会の座興と思ってか？
24-05	営業妨害と	著作権侵害と感じ懲戒解雇、関係筋に知らせようと企図して
24-06	労組嫌悪？	労働組合と支部長を嫌悪、支部長の名誉信用を貶めようとし

〈25　脅迫行為〉

25-01	粗暴言動癖	粗暴性格傾向、上司・同僚の些細な行動が意に沿わなくて

〈アカハラ〉

特 -01	教授が自己	履修活動姿勢に不満、自己の意に沿わないと認識して
特 -02	准教授によ	女子学生が少数、准教授に内在するの異常な関心か？

第5章　パワハラ裁判 135 事例　心身に生じた疾病及び法的責任の分析

〈コメント〉
1　本章は、パワハラを受けた者の心身に生じた疾病とそのようなパワハラ行為を行った者及び会社等の法的な責任を分析したデータです。

　　このデータ分析の目的は、パワハラによって被害者に生じた重大な結果、法的な責任を認識し、自らのパワハラ性格傾向を戒めるために分析したものです。

　　本章に分析した被害者の「心身に生じた疾病」を招来したパワハラの全貌については、本章の分析データの冒頭の類型区分番号により、

　①　第2章の「パワハラ裁判例の要点要旨集」を検索し、

　②　第3章の「パワハラの具体的な態様」を検索して、その態様を確認し、

　③　第4章の「パワハラ裁判例の誘因機序」を検索して、そのパワハラの背景事情や誘因、発現の機序を確認し、

　パワハラ防止の意識付け、自らを内省する材料としてください。

2　次のように分析しました。
　1）はじめに、135 判決の請求内容は、次のとおりです。
　　①　民事損害賠償請求事案　　　　　　121 事案
　　②　労災補償に係る行政訴訟事案　　　 14 事案
　　③　不法行為が否定された事案　　　　　 9 事案
　2）パワハラによる自殺（未遂2事例を含む。）の形態別の事例数
　　①　縊首自殺　　　　　18
　　②　投身自殺　　　　　 2
　　③　焼身自殺　　　　　 2
　　④　飛び込み自殺　　　 1
　　⑤　排気ガス自殺　　　 1
　　⑥　一酸化炭素中毒自殺　1
　　⑦　自殺未遂　　　　　 2
　　　　　　　　　　計 27
　3）パワハラによりうつ病等の精神疾患を発症した状況
　　　パワハラ実数 123 事例中：　 43 事例がうつ病等の精神疾患を発症
　4）不法行為等の認定状況
　　　不法行為　　　　　　　　　　　　95 事例
　　　使用者責任、安全配慮義務違反等　80 事例

1　業務に直接的に関連して起きたパワハラの類型区分

〈11　侮辱的言動〉〈心身に生じた疾病（自殺を含む）法的責任・結果等〉

11-01	－－　　行為者不法行為認定　使用者責任（推定）　慰謝料5万円
11-02	縊首自殺　精神疾患不明　不法行為否定（11-05で不法行為認定）
11-03	縊首自殺　うつ病発症　行政訴訟＝業務起因性認定
11-04	焼身自殺　うつ病発症　行政訴訟＝業務起因性認定
11-05	縊首自殺　うつ病発症　国賠法責任認定　慰謝料実母　養父計350万円
11-06	うつ状態　不法行為・使用者責任認定　慰謝料80万円　逸失利益　基本給1年分225万円余
11-07	自殺未遂　うつ病再発　不法行為・使用者責任認定　慰謝料80万円
11-08	交通事故死　会社にパワハラ防止義務の不法行為認定　慰謝料150万円
11-09	うつ病発症　不法行為・使用者責任認定　慰謝料300万円
11-10	うつ病発症　パワハラ理由の懲戒解雇　有効
11-11	－－　不法行為・使用者責任認定　慰謝料100万円
11-12	うつ病発症　行訴＝業務起因性認定
11-13	－－　使用者責任＝慰謝料50万円　会社固有の不法行為責任認定＝慰謝料30万円
11-14	円形脱毛症　不法行為認定　会社法第350条責任　慰謝料両者連帯して30万円
11-15	縊首自殺　適応障害発症　パワハラ否定　自殺の予見可能性　会社注意義務違反認定、自殺に所長の不法行為責任否定　慰謝料2200万円　逸失利益4679万円余
11-16	－－　不法行為・使用者責任認定　慰謝料30万円
11-17	縊首自殺　適応障害　パワハラ否定　長時間労働で疲弊　自殺に所長の不法行為責任認定（自殺予見可能性）　不法行為・使用者責任　合計3470万円余支払い命令
11-18	うつ病発症　不法行為・使用者責任　慰謝料150万円　慰謝料の損益相殺否定
11-19	パワハラ否定
11-20	縊首自殺　精神障害　不法行為・使用者責任　慰謝料2300万円　逸失利益4727万円余
11-21	適応障害（不安抑うつ状態）　確信犯的な侮辱的パワハラ認定　懲戒解雇有効
11-22	－－　不法行為・使用者責任認定　慰謝料はAに10万円＋30万円（セクハラ）、Bへ50万円（セクハラ）　被害者の新聞発表は名誉毀損に該当するも違法性を欠く
11-23	－－　使用者責任認定　慰謝料100万円
11-24	精神疾患発症　セクハラ・パワハラ認定　懲戒解雇無効　慰謝料15万円

11-25	適応障害発症　休職　不法行為・使用者責任認定　慰謝料 20 万円
11-26	うつ病発症　休職　第一審の素因減額否定　使用者責任　慰謝料 300 万円
11-27	――　代表者の不法行為　使用者責任　慰謝料賞与減額 20 万円　パワハラ 50 万円
11-28	――　国賠法の適用否定　教授の不法行為・病院の使用者責任　慰謝料 30 万円

〈12　不当処遇・取扱い〉

12-01	――　不法行為・使用者責任認定　慰謝料第一審の 400 万円を 600 万円に増額
12-02	――　会社の不法行為認定　慰謝料 60 万円
12-03	――　会社の不法行為認定　慰謝料 4 名に各 80 万円
12-04	――　会社の不法行為認定　慰謝料 5000 万円請求に対し 100 万円認定
12-05	――　違法行為認定により国賠法の責任認定　慰謝料 50 万円（控訴審は 12-07）
12-06	――　法人の不法行為認定　慰謝料 15 万円
12-07	――　5 項目中 1 項目にパワハラ認定により国賠法責任認定　慰謝料 10 万円
12-08	ストレス障害発症　社長らの不法行為認定　慰謝料 150 万円　休業損害 32 万円余
12-09	パワハラ否定　申立者の無断欠勤につき懲戒解雇有効
12-10	――　人事権行使⇒信義則違反⇒債務不履行　慰謝料 200 万円　財産的損害 1046 万円余
12-11	パワハラ否定　解雇有効
12-12	――　会社による二つの不法行為認定　慰謝料 200 万円＋ 300 万円
12-13	――　教授の不法行為認定　慰謝料 100 万円（12-15 に控訴審）
12-14	――　会社の不法行為認定　慰謝料 30 万円
12-15	――　教授の不法行為認定　慰謝料 200 万円（12-13 に第一審）
12-16	パワハラ否定　解雇有効
12-17	――　会社の不法行為認定　賞与減額損害 23 万 9100 円　慰謝料 176 万 900 円（合計 200 万円）
12-18	――　不法行為 3 件・使用者責任　慰謝料 A 件 60 万円　B 件 20 万円　C 件 10 万円
12-19	適応障害発症　休業　不法行為・使用者責任　慰謝料 30 万円　休業損害 61 万円余
12-20	――　会社の配慮義務違反の民法第 415 条責任　使用者責任　慰謝料 50 万円
12-21	――　法人の職場環境配慮義務違反により　慰謝料 70 万円
12-22	――　行為者院長の不法行為認定　慰謝料 50 万円
12-23	――　不法行為・使用者責任認定　慰謝料 35 万円

| 12-24 | ——　不法行為　会社法第350条　慰謝料Aに70万円、Bに100万円、CとDに各40万円 |
| 12-25 | うつ病発症　不法行為　慰謝料100万円　休業損害129万円余　治療費・通院交通費39万円余 |

〈13　暴力行為〉

13-01	——　不法行為・使用者責任　会社の不法行為　慰謝料100万円　時間外26万円
13-02	打撲・挫創等の傷害　不法行為・派遣会社・派遣先会社の使用者責任　慰謝料20万円＋10万円＋30万円＋100万円　母親の逸失利益403万円余　暴行罪・傷害罪　罰金30万円
13-03	打撲傷　不法行為　会社法第350条責任　傷害慰謝料22万円　休業損害10万円余　素因減額30％
13-04	電車飛び込み自殺　不法行為　国賠法責任　慰謝料400万円
13-05	傷害（皮下出血）　不法行為　使用者責任　慰謝料20万円
13-06	縊首自殺　傷害　不法行為・会社法　慰謝料2800万円　逸失利益2655万円余　年金と損益相殺
13-07	電車飛び込み自殺　不法行為　国賠法責任　慰謝料2000万円　逸失利益4381万円余　葬儀代150万円　両親固有の慰謝料（民法第711条）各100万円
13-08	縊首自殺　不法行為・使用者責任　慰謝料2000万円　逸失利益2477万円余　素因減額30％　葬儀費用150万円　両親固有の慰謝料各200万円
13-09	焼身自殺　突発的に精神疾患発症　不法行為　慰謝料2000万円　逸失利益2149万円余　葬儀費用128万円　父母の固有の慰謝料各100万円
13-10	焼身自殺　心理的負荷認容⇒疾患不認定　不法行為　慰謝料1800万円　逸失利益2149万円余　葬儀費用228万円　父母の固有の慰謝料各100万円　過失相殺50％
13-11	——　加害行為を認定し国賠法の責任認定　慰謝料10万円
13-12	縊首自殺　市の安全配慮義務違反認定し国賠法責任認定　慰謝料2000万円　両親固有の慰謝料各100万円　逸失利益3799万円余　過失相殺7割（第一審は8割）
13-13	適応障害否定　不法行為・使用者責任認定　慰謝料20万円
13-14	——　不法行為　会社法第350条責任　100万円／反訴で労働者の損害賠償責任

〈14　不条理な叱責等〉

14-01	うつ病発症・再度発症　慰謝料150万円　休業損害45万円余　素因減額30％
14-02	出血性脳梗塞発症　行政訴訟＝業務起因性認定
14-03	縊首自殺　うつ病発症　安全配慮義務違反認定　慰謝料3000万円　逸失利

益 7257 万円余

14-04	縊首自殺　うつ病発症　行政訴訟＝公務起因性認定
14-05	うつ病発症　行訴＝業務起因性認定
14-06	うつ病発症（指導の翌日）　行訴＝業務起因性否定　心理的負荷に発症強度否定
14-07	自殺未遂　うつ病発症　行訴＝業務起因性認定
14-08	一酸化炭素中毒自殺　うつ病発症　パワハラ認定・国賠法責任　慰謝料2500 万円　逸失利益 1 億 98 万円余　葬儀費用 150 万円　過失相殺・素因減額否定
14-09	投身自殺　不法行為・安全配慮義務違反（債務不履行）　慰謝料 150 万円
14-10	投身自殺　うつ病発症　不法行為・安全配慮義務違反・使用者責任　死亡慰謝料 2000 万円　逸失利益 3550 万円余　葬祭料 150 万円　両親固有の慰謝料各 100 万円　被害者の慰謝料 150 万円
14-11	－－　行為者発言は不法行為　使用者責任により慰謝料 20 万円
14-12	適応障害からうつ病発症へ　行政訴訟＝業務起因性認定

〈15　強要行為〉

15-01	－－　不法行為　慰謝料 5 万円
15-02	心因反応　不法行為　慰謝料 15 万円
15-03	－－　不法行為・使用者責任認定　20 万円
15-04	排気ガス自殺（未遂を経て）　うつ病罹患は不明なるも精神疾患罹患　慰謝料 1100 万円×妻　子 2 名　逸失利益 2813 万円余　葬儀費用 120 万円　本人の自殺寄与度 7 割　家族の過失相殺類　似の減額 5 割　結論算定額×0.3×0.5＝妻 605 万円　子 587 万円　弁護士費用は妻子各 1 割
15-05	縊首自殺　うつ病発症　不法行為・安全配慮義務違反　逸失利益 8751 万円余　葬儀費用 150 万円　慰謝料本人 2800 万円・妻 300 万円・子 200 万円　過失相殺 6 割
15-06	身体表現性障害発症　不法行為・使用者責任認定　慰謝料 22 万円
15-07	－－　不法行為・使用者責任認定　慰謝料 150 万円
15-08	－－　パワハラ認定により降格処分は有効
15-09	急性アルコール中毒死　不法行為・使用者責任　慰謝料 2300 万円　逸失利益 4735 万円余　葬儀費用 150 万円　治療費 4 万円余　遺族固有の逸失利益 100 万円×両親

〈16　粗暴行為〉

16-01	－－　不法行為・使用者責任　慰謝料（経緯から最低額）10 万円（第一審 30 万円）
16-02	抑うつ状態　不法行為・使用者責任　慰謝料 60 万円、40 万円、10 万円
16-03	適応障害　不法行為・使用者責任認定　慰謝料 70 万円
16-04	縊首自殺　精神疾患発症　不法行為・使用者責任認定　会社法第 429 条第

	1項の責任（代表者個人責任）認定
16-05	損害賠償額は会社・行為者・代表者連帯　両親ごとに2897万円余　縊首自殺　うつ病発症　行政訴訟＝業務起因性認定

〈17　過小・過大業務〉

17-01	精神疾患（不安（恐怖）抑うつ状態）　不法行為・使用者責任認定　慰謝料150万円
17-02	縊首自殺　不法行為・使用者責任認定　慰謝料150万円　安全配慮義務違反否定　不法行為と自殺との相当因果関係否定

〈18　パワハラ不該当〉

18-01	縊首自殺　うつ状態持続　自殺による損害賠償請求は相当因果関係否定・棄却
18-02	縊首自殺　精神疾患発症　不法行為・安全配慮義務違反否定　請求棄却
18-03	うつ状態　パワハラ否定　うつ状態の業務起因性否定　解雇有効
18-04	縊首自殺　不法行為・使用者責任否定　安全配慮義務違反認定　自殺予知可能により安全配慮義務違反認定　慰謝料2000万円　逸失利益3582万円余　弁護士費用560万円

2　業務に間接的に関連して起きたパワハラの類型区分

〈21　強要行為〉

21-01	－－　不法行為・使用者責任認定　慰謝料10万円
21-02	－－　不法行為・使用者責任認定　慰謝料30万円
21-03	－－　不法行為・使用者責任認定　慰謝料6名につき○円（略）
21-04	－－　会社に不法行為認定　慰謝料50万円
21-05	－－　暴言禁止の仮処分事件　仮処分の要件満たさず棄却
21-06	－－　転勤強要・退職強要・嫌がらせ否定
21-07	－－　不法行為・使用者責任認定　慰謝料20万円
21-08	頭部打撲・擦過傷等の傷害　不法行為全体評価　国賠法責任認定　慰謝料270万円
21-09	適応障害　解雇無効　不法行為・安全配慮義務違反に基づく損害賠償請求否定
21-10	頭部打撲・擦過傷等の傷害　不法行為個別に評価　国賠法責任認定　慰謝料150万円
21-11	－－　第一審が命じた国賠法賠償金211万円余を取消し　職務命令の違法性否定
21-12	－－　不法行為・使用者責任　慰謝料A 40万円、B 10万円、協会50万円
21-13	うつ病発症　退職強要の心理的負荷の強度は「強」　業務起因性認定

21-14 ｜ ―― 不法行為・使用者責任認定 慰謝料 60 万円

〈**22 暴力行為**〉
22-01 ｜ 打撲傷 不法行為認定 慰謝料 3 万円 逸失利益 3 万円余 過失相殺 40％
22-02 ｜ 打撲傷等 不法行為・使用者責任認定 慰謝料 200 万円＋ 100 万円
22-03 ｜ 顔面挫創その他多数 不法行為・使用者責任認定 慰謝料 80 万円 治療費
194 万円
22-04 ｜ 外傷性網膜剥離等 不法行為・使用者責任認定 医療費 43 万円余 入院雑
費 11 万円余 慰謝料 150 万円 後遺障害慰謝料 819 万円余 休業損害
37 万円余 逸失利益 254 万円余 過失相殺 30％ 損益相殺シルバー保
険金 弁護士費用 50 万円
22-05 ｜ 左手首擦過傷 不法行為・使用者責任認定 慰謝料 A 5 万円＋ 15 万円、B
20 万円
22-06 ｜ 殺害 不法行為・使用者責任認定 慰謝料 2600 万円 妻子固有の慰謝料各
200 万円 逸失利益 5683 万円余 退職手当差額 560 万円余 葬祭料 92
万円余 損益相殺＝遺族年金・埋葬料等
22-07 ｜ 妄想性障害 不法行為× 2・使用者責任認定 慰謝料 500 万円 休業損害
1904 万円余 治療費等 11 万円余 素因減額 60％ 過失相殺否定 損益
相殺労災休業給付
22-08 ｜ ―― （粗暴言動癖・暴力行為）理由の解雇 有効
22-09 ｜ 妄想性障害 22-07 の控訴審 一審認容額を修正し損害合計 3046 万円余
素因減額 60％

〈**23 侮辱的言動**〉
23-01 ｜ 縊首自殺（未遂 2 回） 多様な精神疾患 市の安全配慮義務違反認定 慰謝
料両親に各 1200 万円 逸失利益給与分 4468 万円余・退職手当分 599
万円余 過失（心因）相殺 70％
23-02 ｜ 縊首自殺 不法行為認定慰謝料 1000 万円 安全配慮義務違反認定 慰謝料
500 万円
23-03 ｜ 心因反応発症 不法行為・使用者責任認定 慰謝料 500 万円 給与損害
1066 万円余＋ 42 万円余（休業補償分減額）⇒合計 512 万円余＋平
17.2.1 以降 1 か月 42 万円余
23-04 ｜ ―― 解雇事由 9 項目中 6 項目が就業規則の解雇事由該当 解雇有効
23-05 ｜ 縊首自殺 うつ病発症 行政訴訟＝業務起因性認定
23-06 ｜ 精神疾患（不安障害、うつ状態）発症 行政訴訟＝業務起因性認定

〈**24 名誉毀損行為**〉
24-01 ｜ ―― 法人の不法行為認定 慰謝料 20 万円
24-02 ｜ ―― 行為者不法行為 慰謝料各 30 万円 法人不法行為認定 慰謝料各
100 万円
24-03 ｜ ―― 不法行為認定 国賠法責任 慰謝料・名誉毀損各 30 万円 再任用差

第6章　パワハラ裁判135事例　自殺の誘因機序の分析

1　自殺の誘因機序の分析

〈コメント〉

自殺（未遂2事例含む）事例を詳しく分析した理由について

　パワハラ裁判例135の実数（控訴審を除いた実数）123事例の中に、

① 　自殺事例が27を占めており、割合でみると22%、約4分の1と高く、

② 　不意（突然）に死を選んでいる事例が81.5%であって、

他方、

③ 　上司や所属長などの役職者、人事労務の担当者などが注意深く観察していれば（上司等の注意義務を尽くしていれば）、自殺を予知し予見することができたものと認められる事案は、27事例中に22事例、81.5%を占めている

ことから、自殺は遠い存在ではなく、身近な存在なのです。

　それ故に、上司は、「まさか、自分の部下にとってはあり得ない」などと、安易な考えに浸ることなく、部下の心身の現況に対して、常に気遣い気配りをすることが求められているのです。

　この自殺の予見の可能性については、

　　1）長時間労働などにより疲労が極度に蓄積している場合、

　　2）業務に習熟できず、繰り返し叱責され、心理的に疲弊している場合、

　　3）仕事の失敗、ノルマの未達成その他仕事に関して、人格を否定されるような厳しい叱責が繰り返された場合、

　　4）暴力行為を伴って叱責が繰り返された場合、

　　5）現実からの逃避や、自殺願望を推測できる言動がみられる場合、

　　6）心身の憔悴状態が外見に現れている場合

などには、意思決定の自由が阻害され、状況に応じて方法を選択し（縊首・投身・焼身・飛び込みなど）、不意に、突然に、自殺を決行してしまうのです。

　そして、このことは、大方の経験則により肯定されるものなのですから、部下の就業に関して、その心身の状態を把握し、部下の健康を保持すべき立場にある上司、所属長などは、上記1）以下の自殺の可能性を予見し得るシグナルを見落とさず、適切な対処が求められるのです。

　気づかなかった、知らなかったでは、その職責を果たしていないといわざるを得ないのです。

　ここにまとめた自殺に関するデータは、上司・所属長や人事労務の担当者等の注意義務を研ぎ澄ますための実例ヒントなのです。

　　民事損害賠償訴訟において、裁判所は、パワハラを受けた被害者の自殺に対する会社関係者の予知予測の可能性については、
　　　①　長時間労働などの過重労働により疲弊している場合、
　　　②　上司の厳しい叱責等により心理的負荷を増大させている場合、
　　　③　うつ病を発症し、あるいはうつ状態などにある場合において、
　自殺を選択した事例が数多くあることから、上司等が注意深く観察すれば、自殺を予知・予見することは不可能ではなく、予見し得る可能性があったものと判断しています。

〈自殺を決行した従業員に加えられたパワハラ行為：パワハラの誘因〉

※　多くの事例は、幾つかの誘因が複合して存在しています。

○　能力不足・理解力不足・仕事ミス・繰り返しミスに対し
　　⇒　厳しい叱責　繰り返し叱責　侮蔑的な叱責　同僚面前での恥辱的な叱責　殴られ蹴られ　暴言罵声を浴びせられ　退職を強要され　強い嫌悪感のある再教育→仕事への自信の喪失

○　ノルマ未達成・成績不良
　　⇒　侮辱的な叱責　同僚面前での恥辱的な叱責　大声叱責　殴られ蹴られ

○　業務の繁忙
　　⇒　長時間・業務過重を課され支援なく→心身疲弊　うつ病発症

○　業務不正（架空出来高報告）を犯し
　　⇒　発覚して是正を強く求められて疲弊

○　昇格して
　　⇒業務量増大して疲弊　主任失格など侮蔑的叱責　退職の申し出を抑止され　業務の範囲が拡大し仕事滞留して断続的長時間の厳しい叱責

○　配転打診により
　　⇒　強い忌避感のある業務への配転の強力な説得

○　行為者の暴力・粗暴性格傾向が発現し
　　⇒　殴る・蹴る・エアガンで射撃　暴言　誹謗言動　強要　侮辱・イジメ言動　脅迫行為

○　行為者の傍若無人的性格傾向が発現し
　　⇒　人前・感情的・威圧的・反論を許さない大声での叱責→仕事へのやる気喪失　生産性の疎外

○　精神的変化
　　⇒　うつ病発症　うつ状態　適応障害　精神的疲弊　無価値感　思考の乱れ　仕事への自信の喪失

○　身体的変化
　　⇒　不眠の訴え　過大な疲労の蓄積　心身の極度の疲弊

2 パワハラ自殺事例の要点要旨集

※　この「パワハラ自殺事例の要点要旨集」は、自殺を決行するまでの間に受けたパワハラ行為の特徴的な事実を整理したものです。

　その特徴的な事実から、自殺を決行するに至った自殺の動機、自殺の誘因や機序、きっかけを探り、上司や所属長の皆さんが部下の業務の遂行状況を観察し、自殺の芽を摘み取っていただくために、悲しい事実を提供するものです。

01 | 11-02　21 歳の海上自衛官が技量進歩なく、叱責を受け縊首自殺（うつ病発症）
①　技量未熟で、3 曹に相応しい進歩がなく、理解が遅く、積極性に乏しいと評価され、
②　平成 11 年 8 月末頃から、「仕事が覚えられない」と口にし、10 月頃には、妻に、「上官から叱責され、質問に答えられない」と訴え、班長らから、「お前は覚えが悪い」、「バカかお前は、3 曹失格だ」と叱責され、11 月に入ると少しは技量が向上しものの思考は乱れ、11 月 8 日午前 8 時 50 分頃、先輩 3 曹に「変なことを考えるなよ」と声を掛けられると黙ったまま肯き、そこで両者は別れた。そして、同日、午前 9 時 57 分頃、先輩 3 曹により首吊り状態で発見されました。
③　慢性的な睡眠不足や過剰な勉強の繰り返しで精神的疲弊を募らせ、演習航海で精神的圧迫や閉塞感が、精神的疲弊を一層悪化させ、自ら命を絶つに至ったものと認められます。

02 | 11-03　営業不向きな勤続 13 年の営業マンが上司係長の叱責受け縊首自殺（うつ病発症）
①　13 年の営業経験あるも病院の回り方が分からないなど、営業不向きで成績不良な社員が、
②　仕事熱心で成績も順調な単純一途で気配りなく、傍若無人な係長から日常的に叱責を受け、
③　平成 15 年 2 月 17 日、営業先の病院でトラブルがあり、同月 24 日、不手際を指摘されて涙ぐみ、翌 3 月 4 日、不満を述べた医師への謝罪の際には、謝罪する所長の側にただ立ったままでした。
④　平成 15 年 1 月 13 日から上司と同僚に、同月 17 日には家族に、長男には翌 2 月 26 日に遺書 8 通を作成し、翌 3 月 7 日未明、沼津市内の運動公園の樹木の枝で縊首自殺をしました。
⑤　遺書には、極めて自虐的な口調で、能力がなく欠点だらけで転職の気力も失われ、自殺しかないとか、「もう頑張れない」、「疲れた」、「申し訳ない」、「済まない」、「欠点だらけ」、「腐った欠陥品」など謝罪の言葉や抑うつ気分、自信の喪失、罪責感・無価値感が綴られていました。

03 | 11-04　主任昇格、業務が幅広く増大し、課長の厳しい叱責により自殺（うつ病

発症）

① 課長は、現場経験が豊富で業務に精通し、日頃から大声で、きつい口調で部下を呼びつけ、他の社員に聞こえる状態で指導し、自分の思うように行動できない部下を「主任失格」などと叱責し、自殺した太郎には、自分が主任にしてやったとの思いから、特に厳しく指導し、時には、「君は主任失格だ」、「お前なんか、居ても居なくても同じだ」などと叱責していました。

② 太郎は、工業高校を卒業し、入社後は一貫して現場の技術職に従事し、平成 11 年 8 月、主任に昇格し、担当職務の幅が拡大し、部下の業務のチェック等により業務が増大しました。

③ 太郎は、平成 11 年 9 月中旬頃から、それまでは、仕事の予定などを手帳に詳細に記録していたのに、それらをほとんど記載しなくなり、同月下旬には、妻に、「仕事の夢で目が覚め、動悸がする。1 時間くらいしか眠れない」と言い、「一緒の部屋で寝てほしい、手を握っていて欲しい」と訴え、同年 10 月に入ると、それまでは、ほぼ毎晩していた晩酌をしない日が増えました。

④ 同年 11 月 8 日午前 6 時 15 分頃、車で出勤する途中、「風邪で休む」と職場に連絡して欠勤し、同日午後 1 時 24 分頃、通報で出動した消防隊が、炎上している車の中に、死亡していた太郎を発見した。太郎は同年 9 月頃うつ病を発症し、業務との相当因果関係が認められました。

04 | 11-05　11-02 の控訴審　21 歳の海上自衛官の縊首自殺（うつ病発症）

① 太郎は、平成 11 年 3 月 25 日、3 曹に進級、同年 10 月上旬、「上官の質問が分からない」と落ち込み、松埜班長から「バカかお前は、3 曹失格、仕事出来ないのに 3 曹と言うな」と言われ、落ち着きがなく、教本を引っ張り出して焦っている様子を示し、中旬頃には「明日は何を責められるかと思うと眠れない」、「今は蛇に睨まれた蛙だ」、「こんなに勉強しても覚えられない」と述べていた。太郎は、同年 11 月 3 日演習航海に参加し、同月 8 日、乗艦「さわぎり」艦内で縊首自殺をしました。

② 自殺の前日 7 日午後 9 時頃、当直休憩の時間帯に将来必要な知識を先輩 3 曹に質問し、8 日午前 0 時からの当直勤務で、「思考回路がメチャメチャです」と答え、同日午前 8 時 50 分頃、先輩 3 曹は、太郎がロープを持っているのを見て声を掛け、同 55 分頃「変なことを考えるなよ」と声を掛け、その後、同日午前 10 時頃、右舷軸室で首を吊って自殺している太郎を発見しました。

05 | 11-07　上司による人格否定叱責により自殺未遂に及んだ事例（うつ病発症）

① 春男は、平成 18 年 5 月 8 日に入社し、同月 15 日体調不良で欠勤し通院した。この頃から、部長の指示どおりに仕事ができなかった場合など、部長は他の社員がいる前で春男を「バカ野郎」と罵り、仕事の能力に関して、人格を否定する叱責を浴びせ掛けました。

② 春男は、6 月 8 日、就業中に居眠りをし、部長から「お前は異常だから医者に行って診てもらえ」と叱責され、翌 9 日、クリニックで受診し、診断書

を部長に提出したところ、部長は、「うつ病みたいな奴は要らない・・・・お前みたいな奴は首だ」と言われ、30分ほど罵声を浴びせられ、うつ病から来る自殺願望が出て遺書を書き、処方された薬を2週間分飲んで自殺を図りました（未遂）。

　　部長の叱責のうち、6月8日と翌9日の叱責が自殺未遂の直接的な原因と認められます。

06 ┃ 11-15　新入社員の月間100時間の時間外労働の下、上司の叱責により自殺（適応障害）

① 　夏男は、平成21年3月、大学を卒業し、研修参加、アルバイトを経て、同年4月1日、事務職として入社し、仙北営業所に配置され、東山所長の指揮下に入りました。

② 　夏男は、少なからず作業のミスをし、同じミスを繰り返すこともあったことから、所長は「何で出来ないんだ」、「何度も同じことを言わせるな」、「そんなことも分からないのか」などと叱責し、夏男が重大なミスをした際には、「バカ野郎」、「帰れ」などと叱責していた。夏男は、入社半年後の10月7日、縊首自殺をしました。

　　労基署長は、自殺は適応障害に罹患した結果によるものと認定しました。

07 ┃ 11-17　11-15の控訴審　新入社員が入社半年後に自殺に及んだ事例（適応障害発症）

① 　所長の夏男に対する叱責自体は、適切な内容とは言えないまでも、所長としての業務上の指導教育・叱責の範囲を逸脱せず、パワハラ性を帯びた違法な叱責とは認められない。

② 　しかしながら、夏男の労働時間を過小に報告するなど労働環境を正確に報告せず、夏男のミスに対する指導方法は、新入社員である夏男の心理や疲労の状態、業務量や時間外労働など心身の疲労などに配慮せず、それらの注意義務違反が認められ、夏男の自殺については予見可能性があったのであるから、夏男の自殺死亡について不法行為責任を免れない。

08 ┃ 11-20　高校卒業と同時に入社し、8か月後に縊首自殺に及んだ事例（精神障害発症）

① 　春男は、平成22年4月、高校卒業と同時に正社員として入社したが、仕事の覚えが悪く、失敗も多く、上司が運転する営業車の中で居眠りするなどが重なり、上司は次第に苛立ちを覚え、同年7月9日には、「一人勝手に行動するな。分かりもしないのに分かったような返事をするな」と言うようになり、春男は、上司から受けた指導や叱責、自問自答をノートに記載していました。

② 　春男は、入社10か月を経過した同年12月6日午前6時頃、自室で縊首自殺をした。自殺に至った直接の経緯・きっかけや、自殺に対する上司らの予見可能性などは判決に現れていないものの、12項目に及ぶ叱責が自殺直前まで続いていたであろうと推測することができる。

09 | 13-04　「必ず呪い殺してヤル」と遺書を残して縊首自殺をした 21 歳の海上自衛官の事例

① 松男は、高校卒業後 1 年間カナダに留学し、平成 15 年 12 月 8 日、護衛艦「たちかぜ」乗組を命じられ、平成 16 年 6 月 1 日一等海士に昇進し、同年 10 月 27 日、私鉄に飛び込み自殺をしました。

② 甲野は、平成元年に海上自衛隊に入隊し、松男の自殺当時 34 歳、階級は 2 等海曹であり、「たちかぜ」に 7 年以上乗艦し、主的な存在となっており、階級の上下とは別に、上級者であっても甲野の言動に口を挟みにくい雰囲気が形成されていた。これが、甲野の松男に対する暴力行為などの背景誘因となっていました。

③ 甲野は、平成 16 年 2 月頃から同年 9 月頃までの間に、松男に対し、少なくとも 10 回以上の殴る蹴るの暴力振るい、エアガンで射撃し、同年 9 月にはアダルトビデオを買い取らせました。

④ 松男のノートには、甲野を「絶対に許さない。呪い殺してやる等々」の恨みの言葉とともに、友人への言葉や、カナダ留学当時の感謝などが記されていたが、自殺直前の出来事や経過を推測する記載はなく、10 月 24 日の甲野によるサバイバルゲーム参加後の 27 日に自殺を決行しました。

10 | 13-06　代表者による頭を叩くなどの暴行、罵声、退職強要により縊首自殺に至った事例

① 琺瑯（ほうろう）加工に用いる材料が高価であったことなどから、冬男の作業のミスに対し、代表者は「てめえ、何やってんだ、どうしてくれる、バカ野郎」などと汚い言葉で罵っていました。

② 冬男（当時 52 歳）は、平成 21 年 1 月 26 日、愛知県〇〇市の公衆トイレの中で縊首自殺をし、妻と子供 3 人が原告となって、会社に損害賠償請求訴訟を提起しました。

③ 裁判所は、被害者の妻の供述は反対尋問を経ていないとして慎重に検討し、時々頭を叩かれたほか、殴られたり蹴られたりしたことが数回あったと認定しました。

裁判所は、冬男が代表者の暴行暴言に恐怖を感じ、心理的ストレスを蓄積させ、自殺の 7 日前の全治 12 日の傷害と、自殺の 3 日前の退職強要が直接的な原因であると認定しました。

11 | 13-07　13-04 の控訴審　先任海曹等は自殺者の心身の状況を把握できたと判断

① 艦長の監督指導責任は否定されたが、分隊長、先任海曹、班長の監督指導責任が認められ、先任海曹も加害者 2 等海曹も、松男の心身の状況を把握し得たとして、裁判所は、第一審の判決を覆し、慰謝料 2000 万円、逸失利益 4381 万円余、相続人固有の慰謝料 100 万円× 2 名、葬儀費用 150 万円の支払いを国に命じました。

② 控訴審判決でも、第一審判決以上の自殺に至る直接的誘因は認定されませ

んでした。

12 | 13-08　35歳の農協支店の職員が支店長の叱責により縊首自殺に至った事例

①　夏男は、共済獲得のノルマが達成できず、月に2～3回程度支店長から叱責を受けていたところ、平成21年2月10日、支店で開催された発進式の後、支店長を自車で送り届ける時刻に遅れたため、支店長は夏男の顔を殴り腹を蹴るなどの暴行を行い、12日に謝罪をしました。

②　平成22年3月頃、支店長は、夏男が顧客への配達を後回しにして、自動車のタイヤ交換を先にしていたため、仕事の順番が違うと言って、手にしていたクリアファイルで夏男を叩きました。

③　夏男のノルマは、他の職員の3分の1程度であったが、夏男の達成率は芳しくなく、支店長は月に2～3回、ノルマ達成を促す注意や、時には大声で叱責していた。支店長は、当時、夏男が他の職員に、「死にたい」と言っていたのを聞いて、笑いながら「自殺するなよ」などと言っていた。夏男は、平成22年3月28日、宮崎市で縊首自殺をしました。

13 | 13-09　32歳の和食店員が店主の叱責の後に焼身自殺に及んだ事例

①　一郎は、当時31歳で、平成22年10月上旬から和食A庵に勤務するようになったが、仕事を覚えられず、同じ失敗を繰り返したときには、店主から激しい口調で、繰り返し叱責され、平成23年1月、3月、7月、9月及び10月に、勤務中に顔を殴られる等の暴行を受けていました。

②　平成23年11月18日、一郎は、A庵の調理場で、グリルの上に炊飯器を置いたまま着火するという失敗をした。それは以前と同じような失敗であったことから、店主は、「何でこんなことが分からないのか」などと大声で叱責した。一郎は、その日、午後9時50分頃、自宅近くの田んぼで、ガソリンを被って焼身自殺を図り、翌月12月15日、敗血症で死亡しました。

③　裁判所は、一郎が恒常的に月100時間前後の時間外労働に従事し、長時間労働による慢性的な疲労の中で、苛烈な叱責や暴行が原因となり、当日の叱責をきっかけに突発的に精神疾患を発症し、自殺に及んだものと認定しました。

14 | 13-10　13-09の控訴審　32歳の和食店員が店主の叱責の後に焼身自殺に及んだ事例

①　第一審は、店主の暴行・叱責が一郎を自殺に至らせたとして民法第709条の不法行為を認定し、一郎に係る慰謝料、逸失利益、父母固有の慰謝料、葬儀費用を認定したが、過失相殺については格別認定しなかったところ、

②　本訴控訴審では、

　　1）繰り返し注意するも失敗を繰り返し、叱責には、やむを得ない面もあるとし、

　　2）自殺に至る経過を詳しく認定して、自殺は極めて短絡的な行為であったとし、

　　3）店主は、自殺を予見し得たとしつつも、
通常では、想定し難いとして、50％の過失相殺を認定ました。

15 | **13-12　粗暴な性格傾向のある指導役の暴言叱責により縊首自殺に及んだ事例**

①　一郎は、○○市職員であり、前職の小学校事務職を心因反応（拡張型統合失調症の疑い）により 90 日間休職し、改善傾向となり、環境局Ａセンターへ配置換えとなりました。

②　Ａセンターでの一郎の指導係は粗暴な性格傾向のある職員であった。一郎は、暴行や暴言を浴びせられ、精神状態に悪化傾向が現れ、平成 23 年 12 月 14 日、体調不調を所長に相談したのを期に、翌日から同月 21 日まで、毎日、診断書に基づいて休養するか、あるいは勤務を継続するか、という気持ちが交互に表れ、21 日午後 7 時、所長が一郎の父親に病気休暇のために診断書の日付けの訂正の説明をしていたとき、それを聴いていた一郎は、「もう嫌だ」と叫んで 2 階へ駆け上がり、ベルトで首を吊って自殺をしました。

16 | **14-03　農協の新任係長が、上司課長の叱責により縊首自殺に至った事例（うつ病発症）**

①　松男は、平成 17 年 4 月 1 日、青果担当の課の係長に昇格して業務が増大し、心身の疲労を蓄積させていたところ、同年 5 月 12 日、長芋出荷用のおが屑に異物が混入した事件が起き、課長への報告が遅れ、「分かった時点で何故早く報告してくれなかった」と叱責を受けました。

②　翌々日の同月 14 日、松男がため息をついているのを見た課長は、松男から事情を聞き、仕事を溜め込んでいると判断し、「仕事を溜めず、担当者にちゃんと渡すように、引き継ぐべき仕事は早く引き継ぐように」と、厳しい口調で断続的に長時間に及んで叱責し、同日、午後 4 時に退出する際にも、松男に対し、「こんなことも出来ない部下はいらんからな」と厳しい口調で叱責をしました。

③　松男は、翌 15 日、午前 5 時 10 分頃出勤し、職場に遺書を残して縊首自殺をしました。

17 | **14-04　仕事熱心、強烈な個性の部長が課長の部下を叱責、課長は縊首自殺（うつ病発症）**

①　○○市の乙山部長は、その話しぶりがぶっきら棒で命令口調な上、声も大きく、朝礼の際などには、フロア全体に響き渡る程の大声で、「馬鹿者」、「お前らは給料が多すぎる」などと感情的に部下を怒鳴り付け、部下の個性や能力に配慮せず、人前で感情的に叱責し、部下の弁明や反論を許さず、高圧的な叱り方をしていました。

②　乙山部長の部下の甲野課長は、異動直後に検討課題の報告書の提出やヒアリングを求められ、部長から、部下の課長補佐が大声で激しく非難される事態を目の当たりにし、平成 14 年 4 月下旬から同年 5 月 6 日頃にうつ病を発症し、その後、部長から激しい指導や指示などでうつ病を悪化させ、同月 27

日、午前 4 時頃、自宅居間で鴨居にロープを掛けて縊死しました。

18 | **14-07　役職定年後、異動準備中に咄嗟に自殺を図った（未遂）事例（うつ病発症）**

①　平成 13 年 1 月、夏山部長が太郎の上司となり、両者は徐々に行き違いを生じ、太郎は、同年夏頃、社長に怒られた帰りの車中や、センターに帰着後も、部長から延々と説教を受けました。

②　太郎は、平成 13 年 9 月 1 日、役職定年直前に異例の外販担当となり、平成 14 年 1 月 7 日、役職定年により、次長職を外されて外販担当を継続していたが、平成 14 年夏頃にはうつ病を発症していた。そして、同年 9 月ないし 11 月頃、ノルマが 60%に達せず、部長から、外販員やパートなどの前で、「必要ない辞めた方がいい」と言われ、無能呼ばわりされていました。

③　平成 14 年 12 月 24 日、太郎は 1 月 1 日付けで島原店への異動の内示を受け、1 月 15 日、転居の準備をしていた際に、咄嗟に前にあったハサミを胸に刺して自殺を図り、救急搬送されました。

19 | **14-08　技量未熟な医師が侮辱的・パワハラ的叱責と長時間労働で疲弊し、うつ病発症事例**

①　一郎は、平成 17 年 4 月、医師免許を取得し、大学病院で研修医や医局勤務を経て、平成 19 年 10 月 1 日、公立病院の整形外科に配置換えとなり、配置換え後は、長時間労働により疲弊する過程で、上司である 2 人の医師から侮辱的な叱責の言葉を浴びせられるなどして、2 か月と 9 日を経た同年 12 月 10 日午前 0 時頃、当時、自宅としていた病院の職員用宿舎の浴室にコンロを持ち込み、燃料を燃やして一酸化炭素中毒により自殺に及びました。

②　上司らのパワハラ的言動は、次のとおりです。
　　1）11 月 12 日、西川医師が「手順が間違っている」と言って、一郎の頭をコツンと叩き、
　　2）同月 28 日、南川医師が、「田舎の病院だと思ってなめているのか」と怒鳴り付け、
　　3）翌 12 月 5 日、西川医師が、「その仕事振りでは給料分に相当していない」と言い、
それを整形外科医院を開業している「親に連絡しようか」などと言ったことが認められます。

③　その後、一郎は、次のようなメモを書いて破棄し、①後段の自殺に至りました。
「僕は、医者である前に人間として不適合者です。僕が社会参加すると、周りの人達に迷惑をかけます。社会参加から離れ、次の自分の居場所を見つけられません。居場所がないので、自分を始末します。」

20 | **14-09　高卒 3 年目、ミスを繰り返し、次第に厳しく叱責され、投身自殺に至った事例**

①　春子は、平成 21 年 3 月、高校を卒業し、同年 4 月、正社員として採用され、

経理業務に従事した後、平成24年4月に営業事務の担当となったところ、作業のミスが多く、上司の月子は、「何度言ったらわかるの」などと強い口調で注意していた。また、上司の雪子も、ミスの疑いがあると春子を電算室に呼び出し、ミスを確認して強い口調で注意し、叱責していました。

② 平成24年6月20日、公休日の夜、上司の月子は夜勤担当者から納品書について問合せを受け、同日午後10時38分、春子の携帯に電話を掛け、問合せの納品書の取扱いについて聴き取り、夜勤担当者に連絡し、修正処理などを依頼して問題は解決しました。

その後、同日午後11時49分、春子は、月子に、上記電話の顛末を尋ねたところ、月子は、夜勤担当者とのやりとりを伝え、「今後は発注票を所定の位置に置くことと、日付けの確認を怠らないように」と指導し、電話を切った。この電話は4分35秒でした。

③ 春子は、翌21日の朝、普段より早く出勤するとして、父母に気づかれることなく、自宅を出て、午前6時20分頃、自宅のある建物の10階から飛び降りて自殺をしました。（うつ病否定）

④ 会社の不法行為及び安全配慮義務違反が認定され、慰謝料合計150万円が相当とされました。

21 | **14-10　14-09の控訴審　ミスを厳しく叱責され、投身自殺に至った事例（うつ病発症）**

① 控訴審では、春子は平成24年6月中旬にはうつ病を発症していたと認定されました。そして、上司らの不法行為及び使用者責任が認定され、併せて、会社の不法行為及び債務不履行（安全配慮義務違反）が認定されました。

② さらに、被告らの不法行為と春子の自殺との間には相当因果関係が認められるとして、慰謝料2000万円、逸失利益3550万円余、葬祭料150万円の支払いが命じられました。

22 | **15-04　課長の重圧、退職申し出るも止められ、排気ガス自殺に及んだ事例（うつ病発症）**

① 太郎は昭和45年4月に入社し、平成3年には部品管理課企画係長となり、平成7年2月課長に昇進した後、平成8年4月15日、出勤したくないと言って17日まで欠勤し、18日には出勤すると言って家を出たが出勤せず、自車内で排気ガス自殺を図り、妻に発見されました。

② 平成8年4月月22日、妻は部長に面接し、太郎を退職させたいと申し出た。翌23日、部長は太郎の自宅を訪ね、太郎の退職申し出に対し、叱責するような口調で、勤務の継続を説得し続けましたが、太郎が翻意しなかったため、部長は、立ち上がって大声を出し、太郎の胸倉を掴むなどして、更に説得をしました。その場は、妻が謝罪し、妻が太郎を説得すると約束して収束をしました。

③ その後、太郎は毎日出勤し、部長の勧めにより親会社の管理職の道が開け

る主事試験の一次試験に合格し、二次試験に取りかかりました。

　そのような中、同年9月17日、信頼する丙課長の大阪本社転勤が内示されました。同月19日、太郎は出勤途中で引き返し、会社を休みました。

　そして、同月24日、出勤する素振りをして自宅を出たまま帰宅せず、翌25日、①の自殺未遂の時と同様に、自車内に排気ガスを充満させ、自殺するに至りました（うつ病発症）。

23 | 15-05　**架空出来高発覚、支店上司の是正指示を受け縊首自殺に及んだ事例（うつ病発症）**

①　Yは、昭和61年4月に入社し、平成15年4月、東部営業所長に就任し、所長就任1箇月後の同年5月頃から支店へ架空の出来高報告を始め、そして、同年6月、支店の工務部長がこれに気づき、「架空出来高」が発覚し、同年9月までに正常な出来高に戻すよう指示されました。

②　しかし、是正は進まないまま翌年初めに是正した旨の報告をしました。その後、工務部長が交替し、新工務部長は、出来高の過剰計上を疑い、Y所長から平成16年6月時点で1800万円の架空出来高の報告を受けると、日報を日々報告させ、架空出来高の是正解消を強く指示しました。

③　平成16年9月10日（金）午後6時から8時まで、部長等が参加して東部営業所の業績検討会が行われ、1800万円の是正のためにY所長を叱責し、全員を鼓舞して会議は終了しました。

　Y所長は、休日明けの同月13日（月）午前6時30分頃、営業所で縊首自殺をしました。

24 | 16-04　**長時間労働の下、多種多様なイジメにより縊首自殺に至らせた事例（精神障害）**

①　春男は、高校卒業後、レストラン勤務を経て平成19年8月に正社員として採用され、幾つかの店舗を経て、平成21年11月、D店の店長となった（当時23歳）。D店での春男の時間外労働時間は、毎月200時間近くから200時間を超えていました。

②　D店のエリアマネージャーの夏山は、春男が仕事でミスをすると、「バカだな、使えねーな」と言って、尻や頭などを叩いたり、事あるごとに暴言・暴行・強要・侮辱言動などを加えていました。

③　春男は、平成22年11月7日、午前10時から午後11時30分頃まで勤務した後、翌8日午前1時頃、非常階段で、水道のゴムホースを屋上の手すりに掛けて首を吊って自殺をしました。

25 | 16-05　**極真空手の熟達者が、怒鳴り付け叱責して縊首自殺に至らせた事例（うつ病発症）**

①　一郎は、5、6歳から伝統空手を学び、高校時代にはインターハイに出場し、大学も空手の推薦で入学して空手部に所属し、空手に強い愛着を持っていました。

② 岩山（当時 46 歳）は、極真空手の熟達者で、これを誇りとし、道場を持ち、一郎の寸止めを技とする伝統空手を実践的でないとして誹謗し、事あるごとに一郎を道場に誘い、勤務の中では、些細な出来事に立腹して、怒鳴り付けて叱責し、一郎に恐怖感を与えていました。

③ 平成 24 年 5 月 25 日、一郎は、第 1 回から第 3 回の巡回で、岩山から怒鳴り付けられるなどした後、26 日早朝までの勤務を終了し、翌 27 日は公休出勤をした後、同僚に対し、「岩山と顔を合わすのも嫌だ」、仕事に行きたくない」などと述べ、同日午後 7 時頃帰宅しました。

④ そして、一郎を案じて泊まり込んでいた離婚していた母が、同日午後 8 時か 9 時頃、一郎の様子を見ると、一郎は疲れ切った様子を示し、翌午前 0 時頃には母親に「明日行くのが怖いねん、殺されるかも知れへん」と言いました。その後、午前 7 時頃、部屋で縊死している一郎が発見されました。

26 | **17-02　不当値引き等により忌避感を持つ業務へ配置換え打診受けて自殺に及んだ事例**

① 花子は、平成 24 年 11 月 1 日に入社し、販売店舗要員として勤務してきたところ、不当値引きにより配置換えの説得を受け、平成 27 年 9 月 29 日の朝、自宅で縊首自殺をしました（当時 49 歳）。

② 店長は、花子が自殺した日の前日、午後 7 時頃から午後 10 時頃まで、不祥事により販売やレジ業務から外さなければならないとして、ある程度強硬な姿勢で長時間繰り返し説得しました。

③ 花子は、翌 29 日午前 8 時 11 分から 28 分にかけて、同僚と LINE で、組合の出方では辞めることを決意したとのメッセージや、同日店長は休みであることを伝えるとともに、同日行われる健康診断の時刻を確認する、というメッセージを送信した後、縊首自殺をしました。

27 | **18-01　列車遅発に対する日勤教育により縊首自殺に及んだ事例（うつ状態の持続）**

① 太朗は、19 歳で入社し 40 歳で電車の運転士となりました。太朗は、平成 13 年 8 月 31 日、午前 5 時 43 分発の電車を 1 分遅れて発車させ、9 月 3 日から日勤教育を受けることとなりました。

② 太朗は、日勤教育の 4 日目の同月 6 日午前 6 時頃、頭痛を申告して年休を取得しました。そして、同日午後 3 時 30 分頃、太朗の同僚が太朗の自宅を訪問し、自宅内で太朗が首を吊って自殺しているのを発見しました。死亡推定時刻は同日午後 2 時頃とされ、太朗は当時 44 歳でした。

③ 太朗は、日勤教育の指定を受け、辛さを思い起こして不安感に見舞われ、日勤教育開始後は、苦手な文章を相当量書かされることに苦悩し、2 日目にはレポートの分量を増やすため、虚偽を書いて心の内を乱し、出来る筈の知悉度テストが出来ず、自己卑下を伴ううつ状態に陥り、それが 3 日目の午前中まで続き、昼の休憩時にはレポートの虚偽を告白して心の重しが取れ、午

後には取組姿勢がやや回復したものの、レポート作成の負担、知悉度テスト
の不調、日勤教育の長期化への不安などが持続的なストレスとなり、4日目
には頭痛を覚えて年休をとったものの、うつ状態が持続して自殺に至ったも
のと認められます。

28 | 18-02　15-05 の控訴審　架空出来高が発覚し、縊首自殺に及んだ事例（うつ病
　　　　発症）

①　所長の自殺に至る経過については第一審判決のとおりですが、第一審の架
空出来高解消の指示が違法であるとの判断に対し、控訴審では、上司の是正
指示は、過剰なノルマの達成や改善の強要とはいえず、社会通念上正当と認
められる業務命令の範囲を著しく超えた執拗な叱責とは認められないと判断
し、不法行為に該当しないとして損害賠償請求を棄却しました。

②　また、自殺に至った年の7月から9月にかけての営業所長の様子について
は、営業所において、元気がない、あるいは疲れていると感じた者はいたも
のの、精神的な疾患に罹患しているかも知れないとか、自殺の可能性がある
と感じていた者はなく、上司らには、営業所長の自殺について、予見の可能
性はなかったものと認められます。

29 | 18-04　頻繁にミスをし、上司の叱責により自殺に及んだ事例（体重激減・自殺
　　　　願望表現）

①　太郎は、平成9年4月に大学を卒業し、旧郵政省に採用され、平成19年、
民営化により、当時の郵便局株式会社の職員となり、平成25年7月1日付け
でG貯金事務センターに異動し、翌8月1日以降、貯金申込課の主任となり、
運行担当の業務に従事していました。

②　太郎は、事務的ミスを繰り返し、その都度、2人の主査から叱責を受けて
いたところ、平成26年12月頃には「地震で職場が崩壊すれば職場に行かな
くていいのに」などと言っており、翌平成27年3月の祖父の法事の際には、
職場を「ブラック企業だ」と言って、「仕事を辞めたい」と言い、親戚の人達
から諭され落ち込んでいた。そして、この頃から同僚の契約社員や妹に対し、
しばしば「死にたい」と訴えるようになりました。

③　平成27年6月19日、実家に帰省した太郎は、翌20日、妹に、「7月の異
動もなく、一生職場から出られない」と嘆き、同月○日、実家の居室で縊首
して自殺をした（当時47歳）。

　　太郎の体重は、平成25年7月には70キロでしたが、平成27年3月頃は
明らかに痩せており、同年6月には55キロに減少していました。

30 | 23-01　課長・係長・主査らのイジメで、自殺未遂を経て自殺に至った事例（心
　　　　因反応等）

①　一郎は、昭和63年にK市に採用され、平成7年5月から水道局工業用水
課に配置されました。太郎は内気で無口な性格であったところ、課長・係長
・主査らが、嫌みや猥褻なからかいいを浴びせ、体型を揶揄し嘲笑するなど、

多様な嫌がらせを加えていました。

② 　平成7年12月5日、組合本部で職員課長や組合役員同席の下、一郎に対するイジメの事情聴取が行われ、その席上一郎は、課長ら3名のイジメ26項目を大声で読み上げ周囲を驚かせました。

③ 　平成8年3月15日、一郎は、他の課への異動ができるかどうか不安を抱き、組合支部長らに「車で岸壁にぶつかって死んでやる」と言ったため、驚いた支部長は一郎を説得して帰宅させました。

④ 　結局、一郎は同年4月1日に転勤することとなりましたが、一郎をイジメた上司の1人が昇進するらしいと聞いてショックを受け、帰宅後も興奮していました。翌2日、自宅物置で首を吊って自殺を図り（父親発見未遂）、同月4日には自宅台所でガス自殺を図り（母親発見未遂）、同月7日には大量服薬をして救急搬送され、その後12月まで欠勤が続き、翌平成9年に至って、N病院に2回、F病院に2回入院し、それぞれの病院で多様な精神疾患の診断を受けていました。

⑤ 　一郎は、平成9年9月頃から、マンションで一人暮らしの準備を始めたが、職場復帰は思うようにはならず、病状は回復と増悪を繰り返し、平成9年3月4日、自宅で縊首自殺をしました。

　遺書が5通残され、一つには、課長ら3名への「恨みが忘れられない」と記されていました。

---

31 | **23-02　先輩准看護師が後輩准看護師への多様なイジメで縊首自殺に至らせた事例**

① 　先輩男性准看護師（岩山）からの最年少（当時23歳）男性准看護師（太郎）への多様なイジメ、私事・家事を強要し、残業を強制し、休みに呼び出し、「死ねよ、死ね」等々の侮辱暴言、強要、恐喝などにより、後輩准看護師は、平成14年1月24日、自宅2回で電気コードで首を吊って自殺しているのを発見されました。自殺に至る経過は次のとおりです。

② 　1）平成13年秋頃には、太郎は友人などに岩山のイジメによる辛さを訴え、
　2）同年12月15日、一泊二日の職員旅行では、岩山の企てを知って焼酎を一気飲みし、
　3）同月29日、2）の事件で、岩山は太郎に、「死んじゃえばよかった。死ねよ」と発言し、
　4）翌30日、岩山は太郎に、「アフターは俺らのためにある」、「殺す」とメールをし、
　5）平成14年1月12日頃、太郎の恋人がアルバイトしているカラオケ店に行き、岩山は、太郎にコロッケを投げて口で受けさせ、床に落ちたコロッケを食べさせ、
　6）同月18日の外来会議で、岩山は、太郎を「仕事のやる気がない」などと非難しました。
　7）同月24日、太郎の休日に電話をして「物品がない」と叱責したので、

太郎は、「夕方電話する」と言って電話を切りました。そして、午後1時20分頃、友人からの電話に出た後、自宅2階で電気コードで首を吊って自殺しているのを発見されました。

32 | 23-05　逆パワハラか？　契約社員が正社員を誹謗し自殺に至らせた事例（うつ病発症）

① 契約社員の調理人（岩山）が、正社員である料理長（一郎）を誹謗するビラを作成し、労働組合に持ち込んだことから、会社は、一郎に兼務させていた店長を解任しました。

その後、岩山は、契約更新の時期が来ると、上記誹謗ビラを社長に送付しました。一郎は、部長から、岩山が一郎やその家族に危害を加える趣旨の話を同僚にしていると伝えられ、生死について考えたり、家族を守ることや、30年間給食業務一筋でやってきた仕事への煩悶などを平成10年3月11日、12日、13日、16日、17日、24日、25日、30日、4月3日、9日、13日、16日、18日、20日、22日と綴り、22日には某課長から「どうなの」と問われ、「参ったよ」と答えていました。

② 翌23日、一郎は、部長から、「大変だとは思うが頑張ってください」と励まされたが、翌24日、一郎は、体調不良で休むと店に電話をして所在不明となり、同日（4月24日）、長野県南安曇郡の雑木林で縊死しているのを発見されました。一郎は、前月3月下旬にうつ病を発症していました。

33 | 24-04　2箇所の所長兼務で疲弊する中、研修会後の懇親会で無能呼ばわり（うつ病自殺）

① 太郎は、浄水場の所長の他にサービスセンターの所長兼務を命じられ、過重な業務量によって疲弊状態となっていたにもかかわらず、上司はそれを理解せず支援をしませんでした。

② 太郎は、平成14年11月頃、うつ病を発症しました。そして、同月11日、12日と東京本社での研修会に参加しました。初日の研修終了後の懇親会では、社長その他の役員らも参加する中、東京本部長は、〆のスピーチで太郎を引き合いに出して、「俺が仲人をしたのに…頭はいいのだが、出来が悪い。何をやらせてもアカン。その証拠に、奥さんから内緒の電話があり、主人の相談に乗って欲しいといわれた」などと発言し、社長が見かねて止めさせました。

③ 太郎は、懇親会終了後の午後9時45分頃、妻に電話をかけ、「また死にたくなったわ」と言って電話を切り、翌12日早朝、宿泊先のホテルの窓から飛び降り自殺をしました。

東京本部長は、霊安室で、太郎に遺族らと面会し、土下座をして謝罪しました。

3 自殺の機序（直前の状況・状態）・関係者の予見可能性の有無

自殺の予知予見の可能性については、職業人が有する一般的な知識によれば、
① 長時間労働などの過重労働により心身が疲弊している場合、
② 上司の厳しい叱責等により心理的負荷を増大させている場合、
③ うつ病その他の精神疾患を発症し、あるいはうつ状態などにある場合
において、自殺を選択した事例は数多くあり、うつ病やうつ状態などの精神疾患の病理作用として、希死念慮・自殺願望が出現することは広く知られていることろです。

上司や所属長は、それを知らなかったからといっても、責任は免れません。

裁判所は、上司や所属長が、上記の知識や認識によって、部下の就労状態を注意深く観察すれば、自殺を予知・予見することは不可能ではなく、自殺の可能性を認識し得たであろうと判断をして、その法的な責任を問うているのです。

すなわち、自殺の可能性を現実には認識していなかったとしても、上司、所属長は、その地位や職責から、パワハラ行為を受けている者が、「心身を疲弊させ、精神的負荷を増大させ、うつ病を発症させ、あるいはうつ状態に陥り、あるいはその他の精神疾患を発症してはいないだろうか」、そのように、部下の職場における業務負荷や人間関係などに配慮して、注意深く観察すべきであることは、業務を命ずる立場にある上司、所属長の職務上の義務であり、責任なのです。

最高裁は、大意、次のように判示しています。

〈平成 12.03.24　最高裁第 2 小法廷判決　D 社上告事件〉

労働者が業務により疲労や心理的負荷等が過度に蓄積すると、心身の健康を損なう危険のあることは周知のところである。

労働安全衛生法第 65 条の 3 は、事業者は労働者の健康に配慮して、労働者の従事する作業を適切に管理するように努めるべき注意義務を規定している。

そして、使用者に代わって労働者に対し、業務上の指揮監督を行う権限を有する者は、使用者の注意義務の内容に従って、その権限を行使しなければならない。

※ 上司は、部下の健康管理の一環として、常に、身体的のみならず、精神的な健康状態をも把握し、心身両面にわたる健康を保持させる職務上の義務を負っているのです。

※ 以下の〈自殺の予見可能性に関する判決の要点〉は、「自殺の直前の状況」と、自殺の「予見可能性」をそれぞれ 1 行程度にまとめたものです。

その分析については、前記 1 の「自殺の誘因機序の分析」に整理しました。

〈自殺の予見可能性に関する判決の要点〉

01 | 11-02　21 歳の海上自衛官が技量進歩なく、叱責を受け縊首自殺（うつ病発症）
直前の状況　先輩 3 曹に「変なことを考えるなよ」と声を掛けられた後、1 時間後に縊首自殺
予見可能性　上官らには自殺につき予見可能性はなく、不法行為は成立しない。

02 | 11-03　営業不向きな勤続13年の営業マンが上司係長の叱責受け縊首自殺（うつ病発症）
　　直前の状況　2月24日不手際指摘され、3月4日医師に謝罪し、同月7日未明、縊首自殺。
　　予見可能性　係長も所長も被災者の口数の減少など変化を感じており自殺を予見し得た。

03 | 11-04　主任昇格、業務が幅広く増大し、課長の厳しい叱責により自殺（うつ病発症）
　　直前の状況　車で出勤途中に「風邪で休む」と連絡し、同日午後1時24分焼身自殺。
　　予見可能性　2か月以上前にうつ病発症により、自殺の予見可能性が認められる。

04 | 11-05　11-02の控訴審　21歳の海上自衛官の縊首自殺（うつ病発症）
　　直前の状況　先輩3曹に「変なことを考えるなよ」と声を掛けられた後、1時間後に縊首自殺
　　予見可能性　自殺を感じさせる様子を示しておらず、自殺の予見可能性は認められない。

05 | 11-07　上司による人格否定叱責により自殺未遂に及んだ事例（うつ病発症）
　　直前の状況　6月8日、翌9日に叱責され、同日、「クビだ」と言われた後、自殺未遂。
　　予見可能性　うつ病罹患を認識しており、自殺の予見可能性を認識し得た。

06 | 11-15　新入社員の月間100時間の時間外労働の下、上司の叱責により自殺（適応障害）
　　直前の状況　ミスの都度叱責され、入社半年後の10月7日、縊首自殺をした。
　　予見可能性　上司には夏男の自殺の予見可能性が認められ、会社の不法行為を認定。

07 | 11-17　11-15の控訴審　新入社員の半年後の自殺に及んだ事例（適応障害）
　　直前の状況　ミスの都度叱責され、入社半年後の10月7日、縊首自殺をした。
　　予見可能性　上司には夏男の自殺につき予見可能性があり、不法行為責任を免れない。

08 | 11-20　高校卒業と同時に入社し、8か月後に縊首自殺に及んだ事例（精神障害発症）
　　直前の状況　頻繁に作業ミスで叱責、入社8か月後の12月6日午前6時、自室で縊首自殺。
　　予見可能性　叱責が自殺直前まで続いていたことから、自殺の予見可能性が認められる。

09 | 13-04　「必ず呪い殺してヤル」と遺書残して縊首自殺をした21歳の海上自衛官の事例
　　直前の状況　約半年間に10回以上暴行を受け、サバイバルゲーム後の27日に実行。
　　予見可能性　自殺前の松男の言動から見て、自殺に係る予見可能性は認められない。

10 | 13-06　代表者による頭を叩くなどの暴行、罵声、退職強要により縊首自殺に至った

事例

直前の状況	自殺の7日前の全治12日の傷害と、自殺の3日前の退職強要が直接的な原因
予見可能性	冬男を怯えさせていたことから、上司には自殺の予見可能性が認められる。

11 | 13-07　13-04の控訴審　先任海曹等は自殺者の心身の状況を把握できたと判断

直前の状況	約半年間に10回以上暴行を受け、サバイバルゲーム後の27日に実行。
予見可能性	上司らは加害者の行為を認識しており、自殺の予見可能性を認識できる。

12 | 13-08　35歳の農協支店の社員が支店長の叱責により縊首自殺に至った事例

直前の状況	「死にたい」と言い、上司から「自殺するなよ」などと言われ、その後縊首自殺。
予見可能性	上司発言は笑いながらではあるものの、自殺の予見可能性は否定できない。

13 | 13-09　32歳の和食店員が店主の叱責の後に焼身自殺に及んだ事例

直前の状況	同じ失敗で大声で叱責され、同夜9時50分、自宅近くの田んぼで焼身自殺。
予見可能性	度々暴行を加えていたから、一郎の自殺は予見し得たものと認められる。

14 | 13-10　13-09の控訴審　32歳の和食店員が店主の叱責の後に焼身自殺に及んだ事例

直前の状況	同じ失敗で大声で叱責され、同夜9時50分、自宅近くの田んぼで焼身自殺。
予見可能性	激しい叱責や暴行を行っていたのであり、自殺は予見可能だった。

15 | 13-12　粗暴性格傾向のある指導役の暴言叱責により縊首自殺に及んだ事例

直前の状況	勤務か休養かと交互に気持ちが揺れ、所長の話を聴いて衝動的に縊首自殺。
予見可能性	パワハラやうつ病罹患を認識しており、自殺は予見可能だった。

16 | 14-03　農協の新任係長が、上司課長の叱責により縊首自殺に至った事例（うつ病発症）

直前の状況	業務滞留で3時間断続的に叱責、その後も厳しい叱責、翌日早朝縊首自殺。
予見可能性	注意深く観察すれば精神状態を把握可能でき、自殺の可能性も認識し得た。

17 | 14-04　仕事熱心、強烈な個性の部長が課長の部下を叱責、課長は縊首自殺（うつ病）

直前の状況	部下の叱責によりうつ病発症し、その後の激しい指示等で縊首自殺に至る。

	予見可能性	疲弊し、うつ状態を呈していたことから、自殺は予見し得たと認められる。

18 **14-07 役職定年後、異動準備中に咄嗟に自殺（未遂）を図った事例（うつ病発症）**

直前の状況	内示を受け転居準備中に、咄嗟に机にあったハサミで胸を指し救急搬送。
予見可能性	無能よばわり等厳しい侮辱を加えており、注意を払えば自殺は予見し得た。

19 **14-08 技量未熟な医師が侮辱的・パワハラ的叱責と長時間労働で疲弊し、うつ病発症**

直前の状況	11月12日に叩かれ、28日怒鳴られ、翌月5日に叱責され、自殺に至る。
予見可能性	12月初旬にうつ病発症、上司は医師であり、うつ病自殺を予見し得た。

20 **14-09 高卒3年目、ミスを繰り返し、次第に厳しく叱責され、投身自殺に至った事例**

直前の状況	日常的に叱責受け、深夜に問合せを受け、翌朝、出勤を装って投身自殺。
予見可能性	叱責が恐怖心や威圧感を与え、パワハラの認識もあり、自殺を予見し得た。

21 **14-10 14-09の控訴審 ミスを厳しく叱責され、投身自殺に至った事例（うつ病発症）**

直前の状況	日常的に叱責受け、深夜に問合せを受け、翌朝、出勤を装って投身自殺。
予見可能性	叱責は威圧感・恐怖感を与え、うつ病発症により自殺を予見し得た。

22 **15-04 課長の重圧、退職申し出るも抑止され、排気ガス自殺に及んだ事例（うつ病）**

直前の状況	信頼する課長が転勤。出勤素振りで帰宅せず、翌日排気ガス自殺に及んだ。
予見可能性	自殺未遂歴、退職意思を認識、自殺の可能性がなかったとはいえない。

23 **15-05 架空出来高発覚、支店上司の是正指示を受け絞首自殺に及んだ事例（うつ病）**

直前の状況	金曜日に支店幹部との業績検討会、土日明けて月曜日早朝に絞首自殺。
予見可能性	是正指示は強要で執拗な叱責で、自殺を認識し得た可能性が推定される。

24 **16-04 長時間労働の下、多種多様なイジメにより絞首自殺に至らせた事例（精神障害）**

直前の状況	午後11時30分頃まで勤務した後、翌8日午前1時頃、絞首自殺。
予見可能性	長時間労働下に日常的なイジメ、注意をすれば、自殺を認識し得た。

25 **16-05 極真空手の熟達者が、怒鳴り付け叱責して絞首自殺に至らせた事例（うつ病）**

直前の状況	同僚に出勤嫌悪を述べ、午前0時頃に母親に恐怖を語った後、絞首自殺。
予見可能性	上司課長代理にイジメを説明、上司は一郎の自殺の可能性を認識し得た。

26 | 17-02　不当値引き等により忌避感を持つ業務へ配置換え打診で自殺に及んだ事例
直前の状況　前日夕刻から3時間半の説得、翌朝同僚にメッセージを送信後、縊首自殺。
予見可能性　配置換え業務に強い忌避感を示すも、当日の言動からは予見できない。

27 | 18-01　列車遅発に対する日勤教育により縊首自殺に及んだ事例（うつ状態の発症持続）
直前の状況　日勤教育を過酷と思い悩んで、うつ状態が持続する中、縊首自殺に及ぶ。
予見可能性　日勤教育は酷くなく、上司は太朗の言動を不知であり、自殺は認識できず。

28 | 18-02　15-05の控訴審　架空出来高が発覚し、縊首自殺に及んだ事例（うつ病発症）
直前の状況　金曜日に支店幹部との業績検討会、土日明けて月曜日早朝に縊首自殺。
予見可能性　改善の強要・執拗な叱責は認められず、自殺の予見可能性は認められない。

29 | 18-04　頻繁にミスをし、上司の叱責により自殺に及んだ事例（体重激減・自殺願望）
直前の状況　実家に帰省、翌日、妹に異動ができないと嘆き、○日実家居室で縊首自殺。
予見可能性　自殺したい発言を上司らは聞き流すなど、自殺は予見し得たと認められる。

30 | 23-01　課長・係長・主査らのイジメで、自殺未遂を経て自殺に至った事例（心因反応等）
直前の状況　組織的イジメで多様な精神疾患発症、回復・増悪繰り返す中で縊首自殺。
予見可能性　上司が加害者、職員課長は事情聴取を行い自殺の予見可能性が認められる。

31 | 23-02　先輩准看護師が後輩准看護師への多様なイジメで縊首自殺に至らせた事例
直前の状況　休日に叱責の電話を受け、友人の電話に出た後、縊首自殺に及んだ。
予見可能性　病院はイジメの深刻さを認識せず、自殺を予見していたとは認められない。

32 | 23-05　逆パワハラか？　契約社員が正社員を誹謗し自殺に至らせた事例（うつ病発症）
直前の状況　脅迫により不安に苛まれ、欠勤を連絡して所在不明、翌日、縊首自殺。
予見可能性　上司は、調理人の誹謗ビラに対応しており、自殺の可能性を認識し得た。

33 | 24-04　2箇所の所長兼務で疲弊する中、研修会の懇親会で無能呼ばわり（うつ病自殺）
直前の状況　懇親会で上司が侮辱発言、妻に「死にたくなった」と電話、翌朝投身自殺。
予見可能性　過重労働で疲弊しているのに支援せず、自殺に至る可能性を予見し得た。

4　遺書の訴え・心の叫び

　これは、パワーハラスメントの残酷さを知り、パワハラをしてはならないことを心に銘ずべきことから、判決に現れたパワハラ被害者の叫びを知ろうとするものです。こんな思いをさせてはなりません。人として、許されません。

01 | 11-03　営業不向きな勤続 13 年の営業マンが上司係長の叱責受け縊首自殺（うつ病発症）

　自殺に際して、営業所長、同僚、E係長（パワハラの行為者）、妻、長男、次男、両親及び妹に、計 8 通の遺書を残した。

　遺書の作成に着手したのは、上司と同僚には平成 15 年 1 月 13 日、家族には同月 17 日、文書ファイルの最終更新は、両親宛が同月 17 日、長男宛が同年 2 月 26 日であるほかは、いずれも自殺直前の同年 3 月 7 日未明だった（同日未明に自殺）。

　遺書の内容は、全体として極めて自罰的な語調であり、仕事面で能力が足りず、欠点だらけであることを嘆き、転職の気力も失われ、自殺しかないというもので、文中には、「もう頑張れなくなった」、「疲れた」といった文言や、「申し訳ない」、「済まない」、「ごめんなさい」等の謝罪の文言が繰り返され、「欠点だらけ」、「腐った欠陥品」と表現する等、極度に自虐的な表現も複数あり、抑うつ気分、易疲労性、悲観的思考、自信の喪失、罪責感と無価値感が表れた内容、表現があった。

02 | 13-04　「必ず呪い殺してヤル」と遺書残して縊首自殺をした 21 歳の海上自衛官の事例

　自殺した時に所持していたノートには、自殺を決意する心情が記載されていた。

　ノートには、最初のページに自殺決意に至る経過、続いて次のページにかけて両親、姉及び祖父への感謝の気持ちが綴られ、その次のページには、被告甲野を名指しして、「お前だけは絶対に許さねえからな。必ず呪い殺してヤル。悪徳商法みてーなことやって楽しいのか？　そんな汚れた金なんてただの紙クズだ。そんなのを手にして笑っているお前は紙クズ以下だ」と記載されていた。

　その次から 5 ページにわたり、友人への言葉や愛好していた音楽についての記載があり、「皆さん今まで本当に有り難うございました。さようなら。」として、死亡した日付けで松男の署名が記されてあった。その後に、白紙のページを数ページ挟んで、「甲野次郎よ、お前だけは、ぜったいに呪い殺してヤル」と大きな文字で殴り書きされ、人型（頭部と胸部の中央に小さな黒い丸が打たれている）の絵が描かれている。さらに、最後のページには、カナダに留学していた際のホストファミリーに宛てた英語の文章や、自らの人生を振り返り、周囲の人への感謝を記した文章が 2 ページにわたり記載されていた。

03 | 14-03　農協の新任係長が、上司課長の叱責により縊首自殺に至った事例（うつ病発症）

　松男は、平成15年5月15日（叱責を受けた翌日）午前5時10分頃に出勤し、青果管理センターの鍵を解錠した。そして、松男は、「お世話になりました。ありがとうございました。4号庫にいます。」などと記載したメモ紙をタイムレコーダーに貼付し、「疲れました。今までありがとうございました。後のことはよろしくお願いします。」などと記載したメモ紙を青山課長の机上に置いた。

　松男は、同日午前6時頃、4号庫2階ギャラリー部でロープで首を吊って自殺した。

04 | **14-04　仕事熱心、強烈な個性の部長が課長の部下を叱責、課長は縊首自殺（うつ病発症）**

(1)　太郎の自殺発見時の状況

　　発見時、太郎の足下には、2通の遺書が置かれていた。遺書の内容は次のとおり。

- 毎日夜眠れない。もう疲れました。無念。おばあさん、これまで本当にありがとうございました。
- 母さん、ごめん。感謝。A（太郎の長男）後をよろしく。B（太郎の次男）我がまま言わないで。Cさん（長男の妻）ありがとう。D君（太郎の初孫）大きくなってお母さんを助けてネ。家族仲良くネ。Eさん奥さん申し訳ありません。家族をよろしくお願いします。兄ちゃん、F、G、H（それぞれ太郎の兄弟）みんなで家族を助けて。

(2)　太郎の死後、自宅の同人の机から、「人望のないY、人格のないY、職員はやる気をなくす」と書かれたメモ書きが発見された。

05 | **14-08　技量未熟な医師が侮辱的・パワハラ的叱責と長時間労働で疲弊し、うつ病発症**

　平成19年12月10日午前0時頃、一酸化炭素中毒自殺後、細かく破られたメモが一郎の宿舎のゴミ箱から発見された。

　「僕は、医者である前に人間として不適合者です。僕が社会参加すると、周りの人達に迷惑をかけます。社会参加から離れ、次の自分の居場所を見つけられません。居場所がないので、自分を始末します。」

06 | **15-05　架空出来高発覚、支店上司の是正指示を受け縊首自殺に及んだ事例（うつ病発症）**

　Y所長は、平成16年9月13日午前6時30分頃、東部営業所の試験室東側で縊首自殺を図り、死亡した。営業所2階のY所長の寮の部屋のゴミ箱から、遺書が発見された。遺書には、「怒られるのも言い訳するのも疲れました。自分の能力のなさにあきれました。申し訳ありません。A子（妻）へ、決して労災などで訴えないでくれ。ごめん。Eさん、F、G、Hへ、力のない上司で申し訳ない。」と記載されていた。

07 | **23-01　課長・係長・主査らのイジメで、自殺未遂を経て自殺に至った事例（心**

因反応等）

　平成9年3月4日、A職員は自宅で首を括って自殺した。遺書が5通残されていました。その一つには、被告課長、係長、主査への「怨みの気持ちが忘れられない」と記されていた。

「3人の奴らを怨みながら死にます」とも記されていた。

08 | 23-05　逆パワハラか？　契約社員が正社員を誹謗し自殺に至らせた事例（うつ病発症）

【春男の手帳の記述等】

　春男は、平成10年3月11日以降、手帳に次のような詳細な記述（要旨）を残している。

① 3月11日　自宅近隣にビラを撒くとの脅しあり。家族のことを考えると滅入る。社長と専務のトップ会談に委ねられたらしいが、自分への処分は必至。現在会社を辞めるわけにはいかない。暴力の前に対策がないことが悔やまれる。

② 3月12日　一日中、生死について考える。昨日は眠れなかった。死に場所について考えている。

③ 3月13日　家庭、家族は守らなければならない。もし自分が死ぬようなことがあったら、葬儀は一切必要なし。遺灰にして山に撒いてくれ。墓の必要もなし。思いある人々が記憶の片隅に止めて置いてくれれば、それでいい。

④ 3月16日　第一は家庭、家族を守ることとする。厚木、町田からも締め出されるのであれば、当社の対応、後手後手に回り皆にバカにされる…私自身は配転も覚悟します。30年間給食一筋でやってきましたが、こんな最後になってしまい、非常に残念です。

⑤ 3月17日　本日、本社呼出16:30、午前中彼（秋男と解される）が呼ばれていた模様、何が問題か分からない。精神的に疲れた。今回の印象としては、部長は自分を初めから疑っている様子、はなはだ心外。私はやはり家族のことが一番気がかり、配転やむなし。

⑥ 3月24日　上司も当てにならない。自分は信用して言ったつもりなのに、「相手がこう言っていたよなどと教えてしまっている。彼をあおり立てるだけだ」。支配人と自分の異動は不動だろう。早く決着を。彼が我が家の構成、人相等まで、他人に洩らしていることが不安のタネでもある。

⑦ 3月25日　30年間続けてきた仕事を奪われるのは辛い。自分が去った後のメニューを書くのもむなしい。

⑧ 3月30日　しかし、よく考えると、何故脅迫者が会社に居残り、私などが異動を余儀なくされるのは異常な事態としか思えない。

⑨ 4月3日　常務等が動いている…何処に行くのか、最悪は駅そば、カレーショップか。

⑩ 4月9日　（秋男は）身分保障がされたことで、家族への暴力は回避されたかも知れない。後はO百貨店をにらんだ異動だろう。仕事があるセクション

ならいいが、退屈な部所だったらどう過ごしていいやら。現場経験しかない私は、仕事のないときのむなしさはやりきれない。この1年間の我慢は何だったのだろう。

⑪　4月13日　10日、O百貨店専務が当社社長と会見。組合、提出の改善案が昨年同様との指摘。組合はかなり強硬姿勢だ。自分が本社で仕事がなくなる場面を思うとゾッとする。

⑫　4月16日　杉埜部長から、異動先がレストラン第1事業で決定とのこと。

⑬　4月18日　支配人から電話があり、4月23日午前9時30分に本社に出社して指示を仰ぐようにとのこと。西ピッコロ所属のようだ。

⑭　4月20日　給食の資料は全部廃棄。大胆な内部異動だと思う。今まで順風満帆に過ごしてきたが、終盤近くになり負けてしまった。30年間築いてきたものは何だったんだろう。この年齢での異動であるから後は意地悪、イジメしかないかも。

⑮　4月22日　自分に味方する者は皆無と再認識。追われるものには誰もついて来ない。

〈パワハラ裁判135事例の中から、2つの事例を紹介します。〉

11-01　成績不良の課長代理を叱咤激励するため、侮辱的なメールを上司が全員に送信した事例

〈事案の概要〉

　　成績不良の課長代理へ、上司が「課長代理もっと出力を！」と激励のメールを送信し、同時に職場の全員にも送信。第一審は、パワハラ不該当。控訴審は名誉毀損の不法行為認定

〈平成17.04.20　東京高裁判決　X保険会社名誉毀損メールパワハラ事件〉

〈事案の要点〉

1　この事件は、保険会社のサービスセンターで起きたパワハラ事件です。

　　この10数名のサービスセンターで、ナンバー3の冬川課長代理は、7段階ある人事考課で下から2番目の評価を受けていました。

　　冬川課長代理は、以前から芳しい成績を上げられず、サービスセンターの西山ユニットリーダーから、強い叱咤激励を受けていましたが、成績は改善されませんでした。

2　平成14年12月18日、西山は、東山所長や冬川を含むユニットの全従業員に対し、「課長代理、もっと出力を！」と題するメール（西山メール）を送信しました。

　　東山所長はこれを見て、その日、次のメール（本件メール）を全従業員に送信しました。

「意欲がない、やる気がないなら会社を辞めるべきだと思います。当ＳＣにとっても、会社にとっても損失そのものです。あなたの給料で業務職が何人雇えると思いますか。これ以上、当サービスセンターに迷惑を掛けないでください。」

　　東山所長が本件メールを送信したのは、冬川への指導であるとともに、西山のメールを支持することを表明しようとするものでした。

3　第一審は、不法行為に該当しないと判決しましたが、控訴審では、メールの目的は是認できるが、退職勧告とも、不必要な人間であるとも受け取られる表現であり、冬川のみならず、同じ職場の十数名にも送信されたことにより、侮辱的言辞と受け取られ、名誉感情を明らかに毀損するから、送信目的自体が正当であっても、その表現は許容限度（すなわち、許される限度）を超え、著しく不相当であって、不法行為を構成すると判示しました。

〈コメント〉

　　上司には、成績を上げるためであるとか、目的が正しいのだからということで、多少のオーバーランは許されるという間違った意識が生じがちです。その結果、叱咤激励の効果は生まれず、反対にやる気を無くさせ、人間関係を悪化させることを教えてくれる貴重な事件であり、判決です。

　　上司は、自らがこのような性格傾向を持っていないかどうか、内省してください。

※　上司の皆さんには、ともすれば、目的が正しいのなら、多少はオーバーランしても許されるという意識がありませんか？　これはそれを反省させてくれる貴重な教訓です。

※　西山メールにも本件メールにも、叱責の内容である指導教育の要素が欠落し、叱咤激励の言葉の内容は、侮辱的そのものであり、名誉に関する人格権の侵害となるのです。

判決要旨

【事件の概要】

1　第一審原告冬川（控訴人）は、昭和50年4月、Y保険会社に総合職として入社し、平成10年7月からは希望によりエリア総合職に転換し、13年10月からは損害サービス部X中央サービスセンター（SC）において課長代理として勤務していた。第一審被告東山（被控訴人）は同SCの所長であり、冬川の第一次査定者である。

2　冬川の平成13年度、14年度の総合考課・年間考課はともに7段階評価の下から2番目のCであった。冬川は以前から担当案件の処理状況が芳しい成果を上げられず、SCのユニットリーダーの西山から強い叱咤激励を受けたが、その後も好転しなかった。

3　平成14年12月18日、SCのユニットリーダーの西山は、東山所長や冬川を含むユニットの全従業員に対し、
「課長代理　もっと出力を！」
と題するメール（西山メール）を送信した。

　　東山所長はこれを見て、同日、ポイントの大きな赤文字で、
「意欲がない、やる気がないなら会社を辞めるべきだと思います。当SCにとっても、会社にとっても損失そのものです。あなたの給料で業務職が何人雇えると思いますか。これ以上、当SCに迷惑を掛けないでください。」
などと記載した冬川宛のメール（本件メール）を西山や冬川を含むユニットの従業員10数名に送信した。

〈コメント〉

1　前段の西山メールは、課長代理である冬川個人に向けられたものですが、冬山への叱咤激励のためではあっても、表現が適切さを欠いており、これがユニット

の全従業員に送信されたことにより、冬山の名誉感情を傷つけたことは明白です。

　　叱責や叱咤激励は、上司の職務の範囲ですが、このメール送信は、それを超えています。ただ、この段階では、パワハラ性はやや弱いと考えられます。続く、本件メールは、冬山を組織にとって無用の人物であると決めつけています。強烈な侮辱であって名誉を毀損するものと言わざるを得ません。

2　このメールは、同時といってよいくらい極めて近接した時期に発せられていることから、冬山にとっては、西山メールと一体のメールと考えられますから、西山メールも、この段階に至ると、パワハラ性が増幅すると考えられます。

　　西山メールや本件メールは、職場の他の社員に公開されたことにより、単なる侮辱を超えて、名誉毀損性が備わります。

　　ただ、「ユニットの従業員10数名」への送信ですから、特定であって、「多数（相当数）」と言えるかどうか、解釈が分かれると思いますが、課長代理の当該職場における評価を貶めるという意味で、侮辱の域を超えて、名誉毀損に該当するとしました。

3　ここでは、刑法に定める刑罰を適用するという場面ではありません。パワハラの例示としての侮辱的行為か、名誉毀損的行為か、いずれに該当するとしても、労働法的にはパワハラであり、民事法的な評価としては、不法行為として損害賠償責任を負うべき行為であるとされるものです

　　パワハラの類型は、労働施策総合推進法第30条の2に定める「職場で行われる優越的な関係を背景とした言動であって、業務上必要かつ相当な範囲を超えたもの」に該当するものに当たるかどうかについて、例示を通して（利用して）判断するもの、例示はその判断の道具ですから、いずれかに該当すれば、その言動の違法性を特に否定すべき事情（例：11-02　海上自衛隊さわぎり侮辱事件）が存在しない限り、企業が就業規則において禁止しているパワハラ行為に該当する言動として、当該就業規則の定めに沿って措置を講ずることとなります。

　　したがって、その行為が、刑法上の名誉毀損罪に該当するか、侮辱罪に該当するか、それを峻別するための議論は不毛なのです。

4　東山所長が本件メールを送信したのは、冬川には業務に対する熱意が感じられず、所属ユニットの3番目の席次である課長代理の立場にもかかわらず、実績を上げないことが他の従業員の不満となっていることから、冬川への指導を行うとともに、西山メールの内容を支持することを表明しようとするものでした。

5　そこで、冬川は、本件メール送信が冬川に対する名誉毀損、又はパワーハラスメントとして不法行為を構成すると主張し、東山所長に対し、慰謝料100万円の支払いを請求しました。

【裁判所の判断】
〈コメント〉
　　第一審の東京地裁判決では、本件メールを冬川と職場の同僚に送信したことは、

名誉毀損ないしパワーハラスメントに該当せず、不法行為にも該当しないと判断しました。

　以下は、第二審の判断です。

1　争点

(1) 本件メールの送信が、冬川に対する名誉毀損となるか。

　　本件メールの送信は、職場の上司である東山所長が、冬山に対し、課長代理という冬川の地位に見合った処理件数を達成するよう叱咤激励するもので、その目的は是認することができる。

　　しかし、本件メール中には、「やる気がないなら会社を辞めるべきだと思います。当ＳＣにとっても、会社にとっても損失そのものです。」という、退職勧告とも、会社にとって不必要な人間であるとも受け取られるおそれのある表現が盛り込まれ、これが冬川のみならず、同じ職場の10数名にも送信されている。

　　この表現は、「あなたの給料で業務職が何人雇えると思いますか。あなたの仕事なら、業務職でも数倍の実績をあげますよ。…これ以上、当ＳＣに迷惑を掛けないでください。」という、人の気持ちを逆撫でする侮辱的言辞と受け取られても仕方のない記載などの部分とも相まって、冬川の名誉感情をいたずらに毀損するものであることは明らかであり、上記送信の目的が正当であったとしても、その表現において許容限度を超え、著しく相当性を欠くものであって、不法行為を構成する。

(2) 本件メールの送信が、パワーハラスメントに該当するか。

　　本件メールは、その表現方法において不適切であり、冬川の名誉を毀損するものであったとしても、目的は是認できるものであって、東山所長にパワーハラスメントの意図があったとまでは認められない。

〈コメント〉

　「目的が是認できるから名誉を毀損するものであってもパワーハラスメントの意図は認められない」とするものですが、仮に、当該行為を行うに当たって、名誉を毀損することとなる故意がなかった（認識するに至らなかった）場合でも、同僚多数人に送信した行為については、名誉毀損となることについての過失がなかったとは、その行為者の「所長」という地位を考えると、「過失なし」とはいえないと考えます。

　故に、判決は、民法第709条に定める不法行為（「故意又は過失によって…権利又は…利益を侵害した者」）に当たるとして、次項の慰謝料を認容しているのです。

　他方、パワーハラスメントについては、この判決当時（平成17年）はその定義は確立していなかったこと、及び、現在でも「パワーハラスメント」それ自体の法的効果（法的責任）を定めた法律はなく、そのようなことから、「パワーハラスメントの意図があったとまでは認められない」と述べたのではないかと推測することができます。

〈コメント〉

　上司には、成績を上げるためであるとか、目的が正しいのだからということで、

多少のオーバーランは許されるという間違った意識が生じがちです。その結果、叱咤激励の効果は生まれず、反対にやる気を無くさせ、人間関係を悪化させることを教えてくれる貴重な事件であり、判決です。

　　上司は、自らがこのような性格傾向を持っていないかどうか、内省してください。

2　損害賠償の額

　　本件メールの送信目的、表現方法、送信範囲等を総合考慮すると、東山の不法行為（名誉毀損行為）による精神的苦痛を慰謝するための金額としては、5万円が相当である。

11-17　作業ミス頻繁、叱責重ねても成長なく、重大ミスに「馬鹿野郎」と叱責、自殺に至る。

〈事案の概要〉

　　新入社員の繰り返しミスに、叱責を重ねても成長が見られず、ミスの都度侮辱的な言葉で叱責、重大ミスには「馬鹿野郎」と怒鳴り、その後は「こんこん」と言って聴かせる叱責

〈平成 26.06.27　仙台高裁判決　Ｏ県貨物運送パワハラ自殺控訴事件〉

〈事案の要点〉

1　No. 11-15 の事案の控訴審です。叱責の内容は、No. 11-15 とほぼ同じです。

2　他の従業員のいる中での、大声での厳しい叱責が、パワハラにならない理由

　1）この控訴審では、問題となる叱責の時と場所、内容と状況などについて複数の証言により認定しました。その重要な部分を次に記述します。

　　　新入社員の夏男が勤務する営業所の所長は、

　①　時はミスの都度、場所はミスしたその場で、周囲に同僚の従業員がいるにもかかわらず、

　②　大声で怒鳴るなど厳しく叱責し、夏男は、「何で、できないんだ」、「何度も同じことを言わせるな」、「そんなことも分からないのか」、「俺が言っていることか分からないのか」、「何故、手順通りにやらないんだ」などと叱責し、重大なミスには、「馬鹿」、「馬鹿野郎」、「帰れ」などと叱責を受けていました。

　③　営業所長の叱責は、ミスがあれば、営業所の全ての従業員対して行われ、

　④　理由がないのに叱責をすることはなく、相手の人格を否定するような発言をしたりせず、

　⑤　何時までもネチネチと執拗に叱り続けるのではなく、

　⑥　一度怒鳴った後は、「こんこん」と言って聴かせていた

　との証言があり、営業所の従業員は、所長の叱責を上記のように共通認識として理解していました。

　2）これによれば、その営業所では、ミスをすれば、すぐその場で、誰もが叱責され、その叱責を見聞した従業員は、叱責の原因であるミスを共有することにより、自らの作業の注意点とすることができることから、ミスをしないように心がける従業員にとっては貴重な見聞であり、誰もが、そのような叱責をパワハラとは意識せず、これが職場全体の共通認識となっていたものと認められます。

　　　それ故に、裁判所は、営業所長の叱責について、その態様にかかわらず、パワハラではないと判断したものと推認することができます。

　　　しかし、これは、上記のような職場環境が形成され、全員の共通認識が形成されているという特殊な場合であって、やはり、上司が部下を叱責する場合には、それを受け止める部下の多様な感受性に配慮し、叱責の目的（叱責により過誤・怠慢を自覚させ、改善の意欲を生じさせる）に沿った叱責に配慮すべきであると考えられます。

〈コメント〉

　ここに掲載する判決要旨は、№11-15の事案の控訴審です。控訴審の判決の骨格は第一審判決と同じ枠組みですが、第一審では、被害者の自殺に関して不法行為責任を負わないとされた営業所長について、この控訴審では不法行為責任を認定しました。

　さらに、主題の叱責のパワハラ性については、第一審判決と同様に否定しましたが、その理由については、第一審に比べて詳細に示しました。この部分に参考性納得性が高いと考えられます。

【被告営業所長東山の叱責のパワハラ性の有無】

1　東山の叱責についての証言

1) 証人A、B、C、D、Eの証言及び東山の供述によれば、東山は、仕事には几帳面で厳しく、誰に対しても細かく指導しており、従業員を指導する際には、厳しい口調で5分ないし10分程度叱責し、怒鳴ることもしばしばあった。

　また、東山は、部下を叱責する際、別室等に呼んで叱責するのではなく、ミスなどが起きたその場で叱責する方法を取っており、これは、その場に他の従業員が居合わせた場合でも同様であった。

〈コメント〉

　これは、一見、他人の面前での叱責として、叱責を受ける者に屈辱を与えるタイプのパワハラとなる場合がありますが、「誰にでも細かく指導し」から見えてくる職場の状況は、誰彼なくミスをした場合、すぐ現場で指摘して指導教育を受ける叱責であり、彼に対する叱責は自分も犯すミスに対する指導教育でもあることが共通認識となっており、東山はその現場教育の有用性を認識し、他の従業員が見聞できる形で叱責を繰り返していたと考えられます。仮に、東山がそこまで認識していなかったとしても、夏男への叱責を目撃した作業員は、自らへの叱責として理解することができたものと考えられ、これは叱責の効果と考えられます。

2) さらに、夏男のミスは新入社員によくある不注意によるミスでしたが、夏男は不注意などでミスをすることが多く、同じようなミスを繰り返すこともしばしばであったことから、東山は、夏男に、

「何でできないんだ」、「何度も同じことを言わせるな」、「そんなことも分からないのか」、「俺が言っていることか分からないのか」、「何故手順通りにやらないんだ」

などと、周囲に従業員らがいても、5分から10分程度、大声で、きつい口調で叱責し、夏男のミスが重大なミスであったときは、気持ちが高ぶり、「馬鹿」、「馬鹿野郎」、「帰れ」などと言うこともありました。

　しかし、これらの言葉をずっと怒鳴り続けるのではなく、一度怒鳴った後で、その後は「こんこんと言って聞かせる」というものだったという証言もあるほか、

従業員らは、一様に、東山が理由もなく叱責するようなことはなく、従業員の人格を否定するような発言をしたり、何時までもネチネチと怒り続けるというようなこともなかったと証言しています。

3）夏男に対する東山の叱責の頻度は、少なくとも1週間に2、3回程度でしたが、ミスが重なれば1日に2、3回程度に及ぶことがありました。また、夏男は、叱責に至らないまでも、ほぼ毎日、東山からなにがしかの注意を受けていました。

　なお、夏男は、所長代理や二人の係長から注意を受けることがありましたが、彼らは夏男を強く叱責するようなことはなかったです。

4）その他、証言によれば、次の内容が認められます。
　①　夏男は、叱責されると、下を向いて視線を合わせず、口答えもしないで叱責を聴いていて、多少しょげてはいたものの、少し時間が経（たて）てば、普通に仕事をしていました。
　②　平成21年9月12日か13日頃、夏男は、仕分けミスでいつも以上に厳しく叱責され、その叱責内容から、今後大きなミスをすると解雇されるのではないかと不安を抱くようになりました。
　③　東山は、夏男が同じミスを繰り返し、期待した成長が見られず、叱責されても黙って聴いているだけで、ミスを繰り返し叱責の効果が見られないことに悩んだものの、指導方法を見直すとこはなく、従来通りの叱責を繰り返していましたが、暴力を振るうということはなかったと証言しています。

2　東山の叱責のパワハラ性の有無
1）東山の夏男に対する叱責は、前記1の各証言のとおりであるところ、原告らは、
　①　東山が夏男を叱責する際に、暴力を振るっていたこと
　②　必要性のない事故報告書を作成するよう強要していたこと
　③　夏男が足に負傷を負った際に、業務に就くよう強要していたこと
　④　出勤簿に不正な記載を強要していたこと
　⑤　違法な退職勧奨を行っていたこと
　等を指摘している。
2）上記については、次のとおりである。〈結論〉
　1　①は、頭を軽くバインダーで「コツコツ」と叩いたものであり、暴行には値しない。
　2　②は、重大事故の再発防止のために反省を促すものであり、適正な職務範囲である。
　3　③は、足を引きずり、休みたがったが、通常通りの仕事ができたのであって違法ではない。
　4　④は、実際と異なる勤務計画どおりの時間を記入しているが、東山の強制とは認められない。
　5　⑤は、社会的信用失墜のおそれがあるミスゆえに厳しく叱責したもので、退職勧奨とは認められない。

3）東山の叱責に係るパワハラ性の有無について

　　前記「1　東山の叱責についての証言」に併せ、前記各項によれば、東山の叱責は、それが適切なものとは言えないまでも、営業所長として上司に与えられた業務上の指導教育・叱責の範囲を逸脱せず、パワハラ性を帯びた違法な叱責とは認められない。

【被告営業所長東山の不法行為の有無】

1　注意義務違反（過失）の有無

　1）東山は、営業所長として被告会社に代わって、従業員に対し、業務上の指揮監督を行う権限を有し、夏男の業務遂行に伴う疲労や心理的負荷が過度に蓄積しないよう、被告会社に労働時間を報告し、夏男の業務内容を調整して、過度に心理的負荷が蓄積しないよう配慮する義務を負っていた。

　2）然るに、被告会社への夏男の労働時間の報告について、例えば、8月分について110.20時間、9月分について104.40時間と報告すべきところ、それぞれ79時間、52時間と報告するなど、営業所の労働環境を正確に伝えていなかったなど、前記1）の注意義務違反が認められる。

　3）また、夏男のミスに対する指導方法は、新卒社会人である夏男の心理状態、就労状態、業務量や労働時間による肉体的・心理的負担を考慮したものとは認められず、注意義務違反が認められる。

2　夏男の自殺の予見可能性の有無

　1）営業所長である東山には、被告会社に代わって、従業員の健康を保持するため、業務上の指揮監督権限を行使すべき権限を有し、かつ、責任を負っているところ、夏男の適応障害の発症、これによる自殺は、長時間労働の継続により、肉体的疲労や心理的負荷を過度に蓄積させ、心身の健康を損なう態様の一つであって、これを回避すべき義務があったというべきである。

　2）東山は、夏男の労働時間が月間100時間を超え、また、叱責を受けるなどにより相当程度の肉体的・心理的負荷を受けていたことを認識していたのであるから、夏男の自殺について予見の可能性があり、東山は、夏男の自殺による死亡について不法行為責任を免れない。

3　被告会社の不法行為責任の有無

　1）前記のとおり、東山は、夏男の死亡につき民法第709条の不法行為責任を負い、被告会社は東山の使用者として、被告会社の事業の執行につき、民法第715条に基づき、夏男及び原告らに与えた損害について賠償すべき責任を負う。

　2）その結果、原告らは、東山に対して民法第709条により、被告会社に対して民法第715条により、損害賠償請求権として、それぞれ3470万3290円及び民法所定の年5分の割合による遅延損害金について、連帯支払を求めることができる。（損害賠償額の内訳は27ページの№11-15の5参照）

第8章 「パワハラ性格傾向」の自己診断 パワハラと決別しましょう

1 パワハラ裁判 135 の判決に学ぶパワーハラスメントの真実」の究極の目的

判決に学ぶ「パワーハラスメントの真実」は、パワハラを受けた側である原告の攻撃（請求）と、パワハラを行った側である被告の防御（反論）という民事訴訟の場において、裁判官が判断した真実である事実を提供してくれます。

私たちは、この貴重な真実の教えるところに従って、パワハラを起こさない自らの人格を形成しなければなりません。

人には、それぞれ、イジメの性格傾向が潜んでいます。しかし、パワハラの知識があり、パワハラが否定されるべき存在であることを理解し、そして、規範意識の強い人にパワハラが出現することはないと考えます。

そのパワハラを起こさない性格傾向を作り上げることが、「パワハラの真実」を学ぶことの最終的な目的です。

そのため、判決が教えるパワハラが起きる事情・誘因、パワハラ発現の機序、パワハラの姿・形、態様などから、自己診断に必要な項目を選定し、自己診断「チェックリスト」を作成し、自己診断を重ねることによって、パワハラと決別した自らの人格を形成することができるのです。

2 パワハラ自己診断、パワハラの「芽」チェックリストの作成

主役はあなたです。パワハラの類型区分表によりチェックリストを作成します。

1) パワハラ自己診断「チェックリスト」は、心の中に生まれたパワハラの「芽」を摘むものです。パワハラの小さな「芽」を摘むことによって、パワハラ感情をコントロールできる自分を作り上げることができます。

作成に当たっては、チョット「内省」をして、自分に縁のないようなパワハラの感情はアッサリと記載し、かつて心の中に、時々あるいは激しく起きたパワハラ感情や、つい起こしてしまいそうなイジメ感情についてはより詳しく、パワハラ類型全体を見渡してチェックリストを作成しましょう。

※1 チェックリストをパワハラ類型の全ての項目について構成するのは、自分にとっては無縁と思われる項目についても、上司、同僚、部下など、他の従業員のパワハラについても関心と理解を深め、適切な対応をする上で必要であると考えるからです（次はその法的な要請です）。

※2 労働施策総合推進法第 30 条の 3 では、

① 事業主は、パワハラに対する従業員の関心と理解を深め、従業員が他

の従業員に対する言動に必要な注意を払うよう、研修など必要な配慮を行い、

② 事業主は、自らもパワハラに対する関心と理解を深め、従業員に対する言動に必要な注意を払い、

③ 従業員は、パワハラに対する関心と理解を深め、他の従業員に対する言動に必要な注意を払うよう定めています。

そのため、上司・所属長の皆さんは、パワハラの具体的な姿を広く学び、パワハラ言動への関心と理解を深める必要があるのです。

2) パワハラチェックリストを考案するためには、パワハラを良く知らなければなりません。ですから、この作業は、パワハラの理解を深めるための絶好の機会となります。

パワハラの類型区分表に加えて、第3章の「パワハラの具体的な態様」を念頭にして、チェックリストの具体的な項目を考案してください。

時折、心の中に生まれる「怒鳴り付けたくなった」、「殴りたくなった」、「侮辱したくなった」、「イジワルしたくなった」等々のパワハラ意識やイジメ感情の芽を把握してください。

3　パワハラ性格傾向の自己診断

1) 人には、それぞれ、次のような性格傾向があると考えられます。

① 抑止　性格傾向⇒　パワハラ感情を抑えることができる性格傾向（ある時、ある場合には、パワハラ感情や欲望を起こしながらも、それを抑止できる規範意識）

② 容認　性格傾向⇒　時と場合に応じてパワハラを容認してしまう感情

③ 親和　性格傾向⇒　不快な出来事をパワハラで対応しようとする感情

④ 常習　性格傾向⇒　些細なことや気分に支配されパワハラに走る感情

※ これは、パワハラを裁いた判決を読み込みながら、その人物像を性格傾向で描いてみたものです。

2) 自己診断は、パワハラ防止マニュアルに次の事項を定めて実施します。

① 診断計画⇒　パワハラ診断の実施時期、実施方法、診断の評価、診断の活かし方などを定めて実施しましょう。

② 基礎診断⇒　マニュアル作成時に、深く内省をして自らの性格傾向を把握しましょう。そして、常に自分の性格傾向を意識して言動するように心がけましょう。

③ 日々診断⇒　日々、終業後に瞑想して自己診断を行いましょう。

※1 パワハラへの意識度を高めるため、当初の一定期間については、自己診断チェックリストの全項目についてチェックをしましょう。

日々、全項目チェックを繰り返すことにより、パワハラへの理解が体質化（どのような行為がパワハラに該当するのか、瞬時に判断し行動できるように）することを期待します。

※2 理解が体質化したと考えられるに至ったときは、日々診断での全項目チェックは不要になります。その日の言動について思考を巡らせ、パワハラの「芽」が生まれたかどうか思い起こしましょう。

※3 パワハラの「芽」を思い起こした場合には、
① その「芽」が生まれたときの背景事情
② その「芽」が生まれた相手に対する意識感情
③ その「芽」を抑えたときの意識感情
などについて、記録保存し、折に触れて内省の材料としましょう。

3) 日々診断により把握したパワハラの「芽」が生まれないためには、
① あなたの心を刺激した相手を良く知ることです。
② 相手の人柄、仕事への意欲・能力、態度など、何が心を刺激するのか、
③ 相手のどのような言動があなたの心を刺激するのか、
それを知り、自分は上司として、どのように対応すべきなのか考えましょう。

4 「パワハラの「芽」自己診断チェックリスト」の標準型

上記2では、「パワハラの「芽」自己診断チェックリスト」を作成するようお勧めしました。

それは、その作成作業を通じて、パワハラの多くの態様の姿について深く考え、内省をする機会となり、ひいてはパワハラの「芽」の具体的な理解につながると考えたからです。

しかし、何か見本がないと作業に取りかかりにくいとも考えました。そこで、一般的な「パワハラの「芽」自己診断チェックリスト」を次に掲載します。

これを1つの参考にして、自分の心に生まれそうなパワハラの「芽」を把握してください。

〈パワハラの「芽」自己診断チェックリスト〉標準型

◎　今日一日を振り返り、次のような気持ち、「パワハラの芽」が心の中に生まれなかったかどうか、内省してみましょう。
　　○　生まれた「パワハラの芽」は、どのような意識、感情でしたか
　　○　その意識感情を起こさせた原因は、どのようなことでしたか
　　○　その意識感情をどのような心でコントロールしましたか
　　○　そのコントロールに満足できましたか
　　○　そのコントロールに満足できなかった場合、それは何故ですか
　　○　満足できるコントロールの方法などを見つけられましたか

◎　では、次に、心に「パワハラの芽」が生まれないために、部下をよく知り、心をつなげる努力しましょう。
　　○　部下の性格傾向をどの程度知っていますか
　　○　「パワハラの芽」を生じさせた部下の心のうちが分かりますか
　　○　部下のその気持ちを受け入れることができますか
　　○　受け入れることができない場合や、受け入れることが不適切な場合、あなたはどのように対処すべきか、深く考えていますか
　　○　深く考えて、適切な対応方法を見つけることができましたか
　　○　見つけられなかったときは、どのように対処するのですか
　　○　あなたの心の中に、何故、「パワハラの芽」が生まれたのか、それを整理して、その部下と率直に話し合ってみたら如何でしょうか
　　○　コミュニケーションが問題を解いてくれる鍵になります
　　○　あなたは、日常、多くの部下と等しくコミュニケーションをとっていますか。分け隔てをしていませんか

◎　今、上司に求められる職場の人間関係〔信頼関係〕の構築
　　○　自分からあいさつしていますか　笑顔を送っていますか
　　○　名前を呼んで話しかけていますか　うなずいたりしていますか
　　○　良い点をほめていますか　感謝の気持ちを伝えていますか
　　○　率直に自分の考え方や気持ちを伝えていますか
　　○　問い詰めすぎず、上手に尋ねていますか
　　○　相手の話をちゃんと聴いていますか
　　○　部下を知っていますか　部下を好きになっていますか

〈日々、心の中をチェックしましょう〉
1　侮辱したり、バカにしたくなる気持ち、生まれていませんか

① 侮辱し、軽蔑し、蔑み、誹謗し、中傷して心を傷つけたい気持ち
② バカ・アホ・無能・失格・役立たず等、誹謗し中傷したい気持ち
③ 嘲笑し、怒鳴りつけ、罵り、罵声を浴びせたい気持ち

2 恥をかかせたい気持ち、生まれていませんか
① 会議・会合で、名誉を傷つける事柄を暴いて、恥をかかせたい気持ち
② 同僚、顧客などが集合する場所で、バカにして恥をかかせたい気持ち

3 不当な処遇や取扱いをしたくなる気持ち、生まれていませんか
① 無視・疎外・隔離など、何か不当な扱いをしたい気持ち
② 休暇などを制限し、不当な配転・降格・業務命令などをしたい気持ち
③ 仕事や付き合い、職場の人間関係などに不当な取扱いをしたい気持ち

4 暴力を振るいたくなる気持ち、生まれていませんか
① 叩き、殴り、蹴り、物で叩きたくなる気持ち
② 物を投げ付け、突き飛ばし、色々な暴力を加えたい気持ち
③ 部下等への怒りを、机や椅子・備品等に八つ当たりしたい気持ち

5 理屈に合わない叱責などをしたくなる気持ち、生まれていませんか
① 指導や注意、叱責などを、長く、執拗に、繰り返したい気持ち
② 指導・注意・叱責などに大声で怒鳴り、罵声を浴びせたい気持ち
③ 問題点やその改善方策を教えないまま、叱責をしたい気持ち

6 無理強いなどをしたくなる気持ち、生まれていませんか
① 義務のないことを、無理強いしたい気持ち
② したいであろうことを、させないようにしたい気持ち
③ 休暇などの権利や利益を制限し、辞めろなどと言いたい気持ち
④ 拒みたいことや嫌がることを、無理にやらせたい気持ち

7 粗暴な言動や、脅迫をしたくなる気持ち、生まれていませんか
① 暴言を浴びせたり、怒鳴りつけたい気持ち
② 恐怖や威圧を感じさせたい気持ち
③ 正当な理由がないのに、不安や不快にさせたい気持ち

8 仕事を制限したり、無理な仕事をさせたい気持ち、生まれていませんか
① 幼稚な仕事や簡単すぎる仕事をやらせて、イジワルしたい気持ち
② 重過ぎ、辛過ぎ、苦し過ぎる仕事をやらせたい気持ち
③ 強く嫌がる仕事などをやらせたい気持ち

9 その他（独自の項目）
①
②
③
④
⑤

特典ＤＶＤには、本書「第7章　パワハラ裁判135事例　判決要旨のサンプル」にあるように、各事例の概要や要点だけでなく判決要旨を収載しています。

　通常1枚2,000円のところ、本書をご購入いただきました方には特別に500円でお届けいたしますので、お近くの郵便局で備え付けの「振込取扱票」に左ページの事項を記載してお申し込みください。

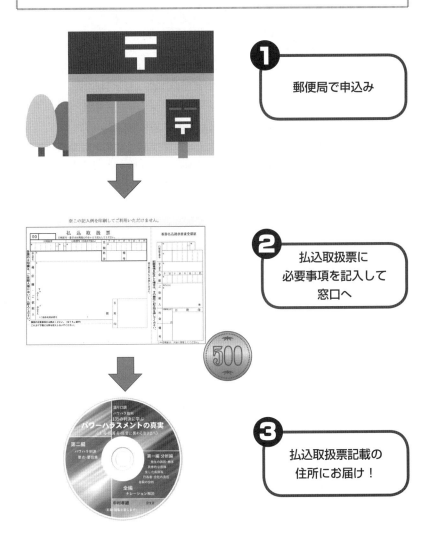

① 郵便局で申込み

② 払込取扱票に
必要事項を記入して
窓口へ

③ 払込取扱票記載の
住所にお届け！

〈著者紹介〉

中村　孝雄

経歴：労働基準監督官〔35 年〕　5 労働基準監督署　署長歴任
　　　労働判例の収集分析・研修教材テキスト編集〔18 年〕・講演に従事

　　著作・労働安全衛生法の実務詳解
　　　　　〔B 5 判 305 ページ〕
　　　・人事労務・安全健康管理の実務
　　　　　〔A 5 判 333 ページ〕
　　　・みんなで学ぼう　パワーハラスメントの防止
　　　　　〔A 5 判小冊子　ナレーション：1 時間 26 分（C D 収録）〕
　　　・労働判例データベース（C D 収録）
　　　　　〔中分類：93 項目　小分類：492 項目　収録要旨：2844 事件〕
　　　・人事労務管理・安全健康管理の実務（D V D 収録）
　　　　　〔第 1 編〜第 6 編：13,393 ページ　ナレーション：37 時間 42 分〕

　　労働紛争調整委員会委員（厚生労働大臣任命）　4 期 8 年
　　独立行政法人労働者健康福祉機構産業保健推進センター相談員　4 期 8 年
　　厚生労働省労働保険審査会　専門事項調査嘱託員　3 期 3 年
　　十文字学園女子大学　労働法講師　3 期 3 年
　　企業人事・労務顧問〔現〕

135の判例に学ぶパワーハラスメントの真実

2020 年 8 月 20 日　初版
2022 年 8 月 2 日　初版 2 刷

著　　者　　中村　孝雄
発 行 所　　株式会社労働新聞社
　　　　　　〒 173-0022　東京都板橋区仲町 29-9
　　　　　　TEL：03-5926-6888（出版）　03-3956-3151（代表）
　　　　　　FAX：03-5926-3180（出版）　03-3956-1611（代表）
　　　　　　https://www.rodo.co.jp　　pub@rodo.co.jp
表　　紙　　豊田　秀夫
印　　刷　　株式会社ビーワイエス

ISBN 978-4-89761-825-8